安全
合適
目標 —— 投資要點

如何選？
如何分析？
為何簡單？ —— 基金

財富增值 的最好方式：
成立投資俱樂部

分紅
低買高賣
不過分物學 —— 股票

（72公式）

50% 養 "鵝" 帳戶
40% 夢想基金 —— 學會分配金錢
10% 日常開銷

X信用卡
分攤付款 ～ —— 擺脫債務
理性消費

小狗錢

博多·薛弗

如

正確金錢觀

1. 從小培養
2. 讓 "錢" 成為好幫手
3. "富有" 是件好事
4. ⊕ 的本質是中性的

確定你的夢想

夢想相簿　　夢想存錢筒

如何實現夢想

馬上去做　⏱ 72小時法則

建立自信　 成功日記

No抱怨　

一定要堅持　 固定時間完成

幸運是 充分準備 + 努力工作 的線！

善用碎片化時間，每天10分鐘～

幫人解決Q

你知道　集中精力
能做到　⊕　擁有的

何賺很多$
遊戲方式

· 擁有備案
· 工作 + 實踐頻率 ⊕

Ein Hund namens Money

小狗錢錢

全球暢銷500萬冊！
德國版《富爸爸，窮爸爸》

博多·薛弗（Bodo Schäfer）　著

致親愛的讀者們：

　　多年以前，我為自己的孩子們寫下了這個故事。如今，孩子們都長大了，但那些與金錢打交道的原則仍然有效，大部分都適用於當今時代。即使市場大環境發生改變，理解利息和複利還是非常重要。當利息降到零，我們的投資回報甚至還能更豐厚。你該知道：唯一不變的，就是變化。

　　希望這個故事能為你帶來快樂，願你的錢包與心靈同樣豐盈。

獻上誠摯的問候

博多‧薛弗（Bodo Schäfer）

歐洲各大媒體推薦

🐾 「本書詳盡討論了儲蓄、投資、股票和債務等主題。強烈推薦給成年人，作為財務問題的入門書籍。」
—— 德國《路德維希堡週報》(Ludwigsburger Wochenblatt)

🐾 「將專業知識融入有趣的故事是一項艱鉅的挑戰。博多·薛弗 (Bodo Schäfer) 在這一壯舉中取得了令人欽佩的成功。」
—— 德國最大財經入口網站 boerse.de

🐾 「就連對財經有興趣的成年人，都能從中發現嶄新的視角。（中略）。這堂課從 11 歲女孩綺拉的感人故事開始，她發現了一隻受傷的拉布拉多，並將牠帶回家，照顧牠恢復健康。」
—— 德國大報《世界報週日版》(Welt am Sonntag)

🐾 「本書同時推薦給尚未涉足金融投資領域的成年人。書中內容簡單易懂，告訴你如何以相對較低的風險，將資金運用於有效益的投資。」
—— 瑞士《閱讀放大鏡》(Leselupe.de)

🐾 「藉由本書，作者達成了劃時代的創舉。」
—— 德國《克朗報》(krone.at)

各界推薦

A 大（ameryu）｜《A 大的理財金律》作者

Jet Lee 的投資隨筆

Mr. Market 市場先生｜財經作家

Selena｜生活理財 YouTuber

子欣｜孩子的理財力教練

小資 YP｜《一年投資 5 分鐘》作者

江季芸｜《跟著晴晴學生活理財》作者

狂徒｜《通膨時代，我選擇穩定致富》作者

李柏鋒｜台灣 ETF 投資學院創辦人

林奇芬｜理財教母

林明樟（MJ 老師）｜連續創業家暨兩岸三地頂尖財報職業講師

郝旭烈｜企業知名財務顧問

理財館長｜《通膨時代，我選擇穩定致富》作者

畢德歐夫｜最會說故事的理財作家

富媽媽 李雅雯（十方）

楊斯棓醫師｜《人生路引》作者

愛瑞克｜《內在原力》系列作者、TMBA 共同創辦人

整理鍊金術師小印｜《財富自由的整理鍊金術》作者

魏瑋志（澤爸）｜親職教育講師

（依姓名筆劃排列）

好評推薦

🐾 「大人學財商必看《富爸爸，窮爸爸》，這套《小狗錢錢》就是孩子學財商必看的經典書籍。」—— **子欣** / 孩子的理財力教練

🐾 「阻礙投資的往往是臨門一腳，而《小狗錢錢》能幫助你邁出第一步。本書透過簡單的故事，引導讀者思考投資的目標和原因，並降低了進入市場的難度，老少咸宜。因此看完這本書後，你也可以準備入門投資了。」—— **狂徒** / 《通膨時代，我選擇穩定致富》作者

🐾 「《小狗錢錢》，是一本以輕鬆有趣故事，建立幸福生活財商，適合所有人閱讀學習的雋永典籍。」—— **郝旭烈** / 企業知名財務顧問

🐾 「直到出社會前，我才正式接觸投資理財，雖然已經比多數人幸運，但不免還是想：要是能早點開始，該有多好。《小狗錢錢》就適合作為踏入理財領域的啟蒙書，透過主角與狗之間的奇妙對話，破解了不少連大人都搞錯的迷思。而關於書中談的『投資』，如今我們有『被動且低成本的市值ETF』這個選擇。歡迎參考我的書籍，進一步瞭解執行的細節。」—— **理財館長** / 《通膨時代，我選擇穩定致富》作者

🐾 「用童話的方式描述理財，用故事的講述陪伴孩子。」—— **畢德歐夫** / 最會說故事的理財作家

🐾 「讀小狗錢錢，能讓口袋變有錢！這是一本適合 8 歲～ 80 歲的人，最特別的理財啟蒙書，絕對經典！」—— **富媽媽 李雅雯（十方）**

前言

　　幾乎沒有人不想變得更富有，只是有些人的願望更加清晰明確，有些人則覺得目前的生活已經足夠富足，說到底，大多數人還是希望過得更幸福、更成功——也更有錢。這個願望無可厚非。追求生活無憂本就是我們與生俱來的權利。有了足夠的金錢，我們能更有尊嚴地生活，對待自己和他人也更有餘裕。人類犯過最嚴重的錯誤之一，就是認為我們必須忍受拮据的生活，甚至標榜這種生活更「高尚」。

替錯誤畫下句點

　　遺憾的是，大多數人都正在忍受這樣的生活。對他們而言，夢想與現實有著天壤之別，而且他們覺得這是理所當然。為了替這樣的錯誤劃下句點，我寫下了《財務自由之路》（Der Weg zur finanziellen Freiheit）一書，在書中，我詳細論述了通往致富之路的每個步驟，指引大家如何在七年之內賺到第一桶金。

為什麼要說故事？

《小狗錢錢》是一本故事書，故事中不但運用了《財務自由之路》中論述的方法，更特別的是，還展現了實踐這些方法時可能遇到的挑戰，以及最後可能會有哪些不可思議的收穫。

錢錢是一隻會說話的小狗，牠教會一個 12 歲的小女孩如何與金錢打交道。小女孩不但學會了打理自己的財務，還幫助父母擺脫了債務危機。

我之所以寫下這樣一個故事，是想藉此觸及大家的心靈，讓大家敞開心扉，接納生活為我們準備的豐富饋贈──金錢就是其中之一。

這個故事能為你帶來什麼呢？如果你已經讀過《財務自由之路》，那麼這個故事將加深你的理解，可能會為你帶來新的規劃，或是更新你現有的計劃。更重要的是，你能獲得嶄新的認知和視角，進而更有創造力地成功應對生活中的種種挑戰。

如果你沒有讀過《財務自由之路》，那麼這個故事將讓你重新審視自身的可能性。故事中人物的經歷將帶給你靈感和啟發，你會滿懷激動地重新發現自己所擁有的自由、潛力和力量。

世上沒有完美的故事

　　不過，我得承認，我常常懷疑這類故事的價值，擔心會有人試圖模仿書中的成功故事，而不是努力挖掘隱藏其中的成功原則。成功的故事往往很難複製，但一旦理解和吸收故事中隱含的道理和法則，就能幫助我們在困境中找到最佳出路。同樣地，我擔心讀者會更傾向於羨慕、模仿作者本人，而不是將書中古老的真理化為己用。個人經驗很難效仿，但最基本的真理卻能普遍運用。

　　我也擔心這種故事形式可能缺乏深度，但我的書並非為那些金融專家而寫，即使他們曾多次找我指點迷津。我希望打動的，是無數位真實而平凡的讀者：有的人可能抗拒這個話題，遲遲不敢創造自己的富裕生活；有的人可能終日勞碌，不得不一再延後理財計劃；有的人可能或多或少對財務話題反感；還有的人可能

只是需要一點提醒和指點，就能獲得理財的動力。

此外，那些複雜的投資模型常會讓人誤入歧途。在當今這個高科技時代，彷彿唯有追求難以理解的東西才是正解，我們已經習慣將那些簡單、基礎的真理棄置一旁。大家常常把「不可能這麼簡單」掛在嘴邊。但正如這本書中所寫，實際上就是「這麼簡單」。不過，這裡要提醒你注意一個差別：其實做起來沒那麼簡單。獲得財富的法則很容易理解，實際操作卻很不容易，常需要在他人的協助下進行。這本書中也詳述了這方面的協助。

這本書原本是為孩子們而寫，所以才採取了故事的形式。我希望通過這種形式，讓孩子們能像玩遊戲般輕鬆愉快地走向財富和成功——而這正是許多家庭習慣迴避的話題。

出乎意料的是⋯⋯

這本書出版後，我收到了成千上百封成年讀者的來信。信件內容大同小異，例如：「這個故事喚起我的情感共鳴，讓我更有力量去行動」、「我非常感動」、「我第一次找到了打開金錢之門的鑰匙」、「我終於懂得要怎麼做才能創造財富」。這些回饋

讓我意識到，我的預設立場是錯誤的。原來，打動人心的故事所傳達的景象勝過千言萬語。所以，這本書不只是寫給孩子的，同時也是寫給大人的。

故事能帶來距離感

身為成年人，閱讀一個小女孩的故事相當愜意。不管我們如何沉浸其中，故事本身都會與我們的生活保持一定的距離，畢竟對於一個大人來說，小女孩綺拉遇到的困難已經相當遙遠，她的煩惱也不會像自己的煩惱那樣令人困擾。也正因為如此，這個故事不但讀起來輕鬆，也不會過於嚴肅；想到自己早已跨過人生路上那麼多的關卡和障礙，還可能讓我們會心一笑。那麼，我們能否從中總結出經驗教訓呢？如果你將自己的人生（暫時）也當作一個故事；如果你設想自己已經非常富裕，正在回望自己「財務上的童年」，又會如何呢？這樣一來，你將能與眼下的真實處境拉開距離，像閱讀一本故事書一樣審視它：在這個「故事」中充滿著各種典型的問題，而你早就把這些問題拋在身後。你可能會釋然一笑，不再把自己和那些問題看得那麼嚴肅，進而意識到，你

也絕對不會永遠為某種狀況所困。這就是故事的妙用。

現在最重要的事：確立方向

但這不只是一個簡單的故事，它更多是在講述《財務自由之路》中介紹的成功法則，一些關於成功普遍而永恆的公理。

所謂「普遍」，是指放諸四海皆準，適用於任何社會、文化與具體的場景；所謂「永恆」，是指永遠不會發生改變。考慮到現在的社會節奏愈來愈快、變化愈來愈劇烈，這兩點就顯得更加重要。當一切都變得更加複雜、更加嘈雜，當商品以令人目不暇給的速度改朝換代，學會確立方向就顯得至關重要──普遍而永恆的法則就能為你指明方向。在我的理解中，能被稱作「公理」的法則沒有任何質疑的空間。

古老的固有法則

上面的話聽起來可能有點自負，我會繼續補充解釋兩點：第一，這些法則不是我發明的，它們和自然法則一樣，自古至今始

終存在。不管我們是否願意，它們都制約著我們的生活；不管我們是否反對，它們都依然有效。我只是將那些關於財富與成功的法則，用我自己的語言加以整理和表述。

第二，我堅信，所有成功人士都是依照這樣的法則生活。經常有記者或節目主持人問我能否證明這些法則的有效性，而我總會舉出那些讀過我的書或聽過我講座的人為例。但是，我相信你自己會找到最有力的證明，只要你聽從我的這個建議：先選定一位成功的人士，一個成功的團隊、組織或公司，找到他們的相似之處，然後盡可能詳盡分析他們走過的道路，就會得到你想要的範例和證明。

你的分析是否能準確說出某些成功法則並不重要，有的人可能還會討厭我所使用的語言——這完全合情合理。批評是常有的事，作家的作品就是用來供人評論。有些人可能無法被書中的故事觸動，針對同一個法則，有些人也可能想到截然不同的例證，或者他們更看重別的東西。這些都沒有關係，我甚至舉手歡迎，因為這體現了他們不同於我的生活軌跡與個性特點。儘管如此，他們的人生道路依然是那些普遍而永恆的法則的明證。

有用且必要的知識

　　這本書會伴隨你走向富裕和成功，但它不是那種從金錢的歷史開始侃侃而談的財經類讀物。不可否認，這類知識當然也有其用處，但並不能幫助我們邁向富裕和幸福。在這本書中，我只關注那些必要的知識，關注我身體力行地在邁向富裕的道路上所走過的每一步。

簡單中隱藏著危險

　　複雜化的闡釋很有可能會模糊問題的本質，描述最基本的真理同樣會帶來風險。我們常常會過於快速地得出結論：「這個我早就知道了。」彷彿想起隻字片語的關鍵字就已經足夠。這種思考方式是一個陷阱，因為當我們認為某種事物耳熟能詳時，就很有可能停止學習，將真正的資訊和知識拒於門外——因為我們覺得自己早就知道了。

　　此外，問題的關鍵不僅在於學習新的知識，更在於將已經學會的知識付諸實踐。

財富的法則

　　故事中的綺拉在學習與金錢打交道的過程中，逐漸認識到了關於財富的諸多法則。下面，我將其中最重要的一些問題列出來，串聯成理解全書的線索——金錢的基本法則。當你在故事中再次發現這些法則時，你會有更加深刻的印象，也會更加迅速地付諸行動：

1. 首先，要確定金錢對你來說代表什麼。
2. 確立你最重要的目標：也就是說，即使你有一個長長的「願望清單」，也要從中挑選出最重要的那幾個。
3. 為什麼夢想存錢筒和夢想相簿很重要？如何讓潛意識為我們提供支持，而我們又必須提前做好哪些功課？
4. 為什麼更高的收入從來都不是解決財務問題的辦法？
5. 如何透過想像的藝術（視覺化練習），永不退縮地堅持自己的夢想與計劃？

6. 經常遇到的困難：總會有人阻撓我們實現既定的目標，他們往往還是我們的朋友和家人。但有一些簡單的方法和途徑可以使我們免於被誤導。

7. 為什麼成功日記會讓我們的收入步步攀升？為何自信會帶來顛覆性的影響？

8. 如何將最大的愛好變成職業，進而大大改善收入狀況？

9. 區分重要性與緊急性：無論順境還是逆境，都不能放棄我們的美好願望與計劃。

10. 貫徹實施的關鍵：72 小時法則。

11. 如何賺到很多錢──以遊戲般輕鬆愉快的方式。

12. 擺脫債務最重要的 4 大原則。

13. 「鵝與金蛋」的故事──如何用錢滾錢？

14. 如何正確且有效率地與銀行打交道，並樂在其中？

15. 幸福的本質是什麼？我們要怎樣才能獲得更多的幸福？

16. 喜歡錢有什麼不對嗎？有什麼訣竅能安全保存現金？

17. 何謂金錢是「中性」的？金錢與幸福之間有什麼關聯？

18. 為什麼將我們所得的一部分用於饋贈很重要？

19. 應對恐懼的最佳方法是什麼？成功日記能對此發揮什麼作用？

20. 讓我們的財富增值的最佳方式之一：成立投資俱樂部。

21. 保證投資成功的 5 大準則。

22. 怎麼才能魔法般地從無到有創造金錢？

23. 最重要的 3 大投資法則。

24. 什麼是股票？股票如何運作？利潤（報酬和股息）如何產生？你是否適合投資股票？你將很快掌握其中訣竅。

25. 為什麼經常走出舒適圈，去做一些自己以前不敢做的事情，對我們來說很重要？

26. 如何獲得 8% ～ 10% 的年化報酬率？最佳投資形式和最佳投資策略是什麼？

27. 為何股票型基金相對安全，並能獲得可觀的利潤？篩選出好基金的 3 個標準。

28. 投資基金為什麼很簡單？

29. 如何藉由投資基金，實現財富的增加 —— 複利（利滾利）的力量。

30. 波動率：如何平衡風險和獲利？

31. 如何快速計算利息和複利？

32. 如果股票價格下跌該怎麼辦？如何在這種情況下賺取高額報
    酬？

33. 想要通過投資基金獲得可靠的高報酬，需要瞭解什麼？

34. 通貨膨脹的真正含義是什麼？如何快速計算出它對你的財富
    的影響？如何使通貨膨脹成為你最好的朋友——只要你選擇
    了正確的投資方式。

35. 金錢如何影響生活的各個層面？當我們對金錢的理解愈來愈
    深入時，最終會有什麼收穫？

驚喜將會到來

　　一個創意就足以帶你邁向富裕的生活。不過，這裡要提醒你
注意一個令人驚訝的事實，或者說，給你一個「預警」：一旦
「大錢」湧來，就可能來得無比迅速，金額也大得讓你吃驚——

難道它們以前只是悄悄藏起來了嗎？

這種現象非同小可，完完全全駁斥了一個普遍的錯誤觀點，那就是「人們只能透過努力工作多年來獲得財富」。恰恰相反，財富更應該是某種心態，某種以財富為導向的信仰的產物。一旦這些前提條件得以滿足，累積財富將比大多數人想像的更加容易。

忽視就是向生活投降

大多數人都不夠關注自己的財務狀況。在這方面，他們就像是三歲小孩，玩著假裝沒看見的遊戲。但財務問題始終就在那裡，如果我們不去關注它，那麼金錢就會成為我們生活中特別消極負面的力量，大大降低我們的生活品質。不理會金錢，就是在放棄成為自己想成為的那個人。當然，追問我們自己到底想要什麼樣的人生，這需要勇氣，但如今每個人都有機會實現財務自由。塞內卡（Seneca）說：「不是因為困難重重，我們才心生畏懼，而是因為我們心生畏懼，才讓事情變得困難重重。」

沒有什麼能夠阻擋你

一旦你真正領會金錢的基本法則,就會發現你的財務狀況開始持續改善。一念既成,就沒有什麼能夠阻擋得了這個念頭。每個人的生活都是如此。什麼都不能阻擋你享有與生俱來的權利:富裕。過著富有尊嚴、財務自由的生活,是我們天然又自然的需求。沒有你的允許,任何事物都阻擋不了你。為什麼?因為時機已到——就是現在。

我為什麼知道這些?距離我寫完這本書已經過了好多年,在這期間發生了很多事情:

這本書得以在許多國家出版,銷量突破 500 萬冊,成為世界上最成功的金錢童話。在亞洲,它改編成音樂劇全年演出,每天有超過 2,000 人觀看。它還被改編成一系列漫畫。

最重要的是,我收到了無數孩子的來信,他們告訴我在讀完《小狗錢錢》之後所發生的改變,這些信中有許多感人的故事,我對此深表感激。

許多來信的「成年的孩子」也是如此。他們都說,《小狗錢

錢》是關於金錢和金融的最佳入門書。

　　人生是一段旅程。如果我們馴服了金錢，就能賦予人生更多的可能性，讓我們的旅程朝著從未設想過的新方向前進。

　　綺拉就是最好的例子。一開始，她不知道自己的夢想是什麼，也不相信自己能夠實現它們。當然，她陸續經歷了一些困難，但當她以比想像中更快的速度實現這些夢想時，她只是覺得事情理所當然。最後，她體驗了原本無從想像的精彩人生。

　　這就是我對你的祝福：祝你抓住並實現你的夢想。你將在人生旅途上收穫一個個驚喜與發現，它們的精彩程度將遠遠超過你的夢想本身。

　　現在，是時候開始這個故事了。這是一個關於小狗錢錢、綺拉和金錢的基本法則的故事……

　　　　　　　　　　　　　　　　　獻上誠摯的祝福

　　　　　　　　　　　　　　　博多・薛弗（Bodo Schäfer）

CONTENTS

$\diagdown$ Chapter 1 $\diagup$

一隻白色的拉布拉多

　　從很久很久以前，我就夢想要養一隻小狗，但我家住在出租公寓裡，房東禁止我們養狗。爸爸曾試圖找他商量，可惜無濟於事——又能怎麼辦呢？有些人就是沒得商量。房東聲稱，大樓裡其他房客都不喜歡狗。這完全是胡說八道！我認識住在三樓和四樓的住戶，他們也很想養狗，只是房東自己不喜歡罷了。

　　爸爸曾說：「問題其實不在於狗，他只是因為自己不喜歡，就不想讓別人快樂。」於是我又好好觀察了這位房東一番，覺得他看起來真是既刻薄又暴躁。有一次，媽媽忍不住又和他提起養狗的事，他竟然直接寄來一封掛號信，威脅我們要解約！

　　直到今天，我都還是認為沒有人有權禁止別人養狗。擁有房子是有意義的，就算是為家裡的寵物著想，也值得買下一間自己的房子。

　　後來，爸媽真的買下了一棟有花園的房子。我終於擁有自己

的房間，日子過得就像在天堂裡。爸媽卻愁眉苦臉，因為買房的實際花費大大超出了預期。從他們的交談中，我自然也聽得出來家裡有點捉襟見肘，就決定先暫時將願望藏在心裡，好幾個禮拜都不說出口。但我還是相當渴望擁有一隻屬於自己的小狗……

直到有天早上，媽媽激動地把我叫醒：「綺拉，快起床！樓下有一隻狗受傷了，就躺在我們家門口！」我瞬間從床上跳起來，衝了出去。天哪！在房子和車庫之間的角落裡，真的躺著一隻白色的小狗！牠睡得很沉，但呼吸很不安穩。

在牠後背上，後腿的上方，有一道大約六公釐長的傷口，上面血跡斑斑。牠好像是被別的狗咬傷了，拖著身體慢慢爬到我們這裡，最後筋疲力盡地昏睡過去。我眼眶都紅了，忍不住碎念：「到底是哪個壞蛋幹的，怎麼忍心咬傷這麼漂亮的小狗呢？」話音剛落，小狗突然間醒了過來，瞪大眼睛看著我，然後朝我走了幾步。然而牠太虛弱了，走得跌跌撞撞，沒幾步路就在光滑的石頭上滑倒，撲通一聲摔在地上。我連忙把牠摟進懷裡。

我們小心翼翼地把小狗抱進車裡，帶牠去看獸醫。醫生把牠身上大大的傷口縫合好，又幫牠打了針。小狗便慢慢放鬆下來，睡著了。醫生說，牠的確是被咬傷的，不過很快就會好起來。他

還告訴我們，這是一隻拉布拉多獵犬，這種狗極其溫順又聰明，對小朋友也特別友善。因此，牠們被認為是最棒的導盲犬。我一邊聽醫生說著，一邊撫摸著這隻白色的小狗。牠的毛還真柔軟呀！牠真是可愛！

我們把小狗帶回家，一路上牠都在呼呼大睡。我小心翼翼地把牠放在廚房裡的一塊墊子上，目不轉睛地看著牠，心裡暗自祈禱：「快點好起來吧。」

我的擔心是多餘的，這隻白色的小狗恢復得非常迅速。這個時候，我又想到了一個嚴肅的問題：我們根本不知道牠從哪裡來，牠的主人又是誰，可以就這樣把牠留在家裡嗎？一想到這裡，我就緊張得全身發軟——要是爸媽不同意留下牠怎麼辦？畢竟，我們現在生活過得不太寬裕。

我們當然得幫小狗找牠主人，但我暗暗希望永遠都不要找到。爸爸先是刊登了一則廣告，還打了電話給附近的動物收容所，但沒人認識這隻白色的拉布拉多。牠在我家裡待得愈久，就愈受爸媽喜愛，不知不覺間，就好像我們才是牠真正的主人。

狗狗的傷已經全好了。有一天，我和牠一起玩，直到累得跑不動了，才坐下來吃早餐。結果，爸媽又在為錢的事喋喋不休，

我寧可裝作聽不見。因為我根本不懂他們在說什麼，而且每次只要一談到錢，一家人就全都一副愁眉苦臉的樣子。

趁他們停下的空檔，我把話題帶到一個更重要的問題：「這隻狗到底叫什麼呢？」這時，我們才突然意識到，我們對牠的名字一無所知。

我覺得這實在是太糟糕了，小狗肯定要有個名字。離我三公尺遠的墊子上，這個小毛球睡得正香。我怔怔地盯著牠，絞盡腦汁地想呀想，想半天也想不出一個合適的名字……

這時候，爸媽又回到了錢的話題上。突然，爸爸大聲地感歎道：「錢、錢、錢……一切都離不開錢哪！」這時，那隻拉布拉多竟然應聲從睡夢中驚醒，湊到了爸爸的身邊。「錢！」我叫著，「牠對『錢』字有反應！」話一說完，牠又馬上朝我湊過來。

「我們應該叫牠『錢錢』，這可是牠自己選的名字！」我說。但是媽媽不為所動：「錢就是鈔票，一隻狗怎麼可以叫『鈔票』呢？」爸爸倒是很有興致：「我覺得蠻好的。我們一喊出『錢』，『錢』就來到了我們身邊，這樣的話麻煩的事不都解決了嗎？」但爸爸萬萬沒料想到，他當初的一句玩笑話後來竟然成

真了……我們就決定叫這隻拉布拉多「錢錢」。

六個禮拜過去了，我們依然不知道錢錢是從哪裡來的。我也根本不想知道。萬一找到牠以前的主人，說不定就得送牠回去了。真想讓牠一直陪著我們呀！再說，爸媽也習慣家裡有這麼一隻小狗了。

錢錢就這樣在我們家裡住了下來。但我心裡總有一種揮之不去的憂慮，害怕有一天牠的主人會突然出現，把牠帶走……說到這裡，我想大家已經猜到了，是的，我和錢錢已經成了最好的朋友。

不知不覺，錢錢來到我家已經半年了。牠真是一隻超級可愛的小狗，溫順又聰明。牠的眼睛裡閃爍著智慧的光芒，這種光芒我從來沒在別的小狗身上看到過。有時候，我甚至很肯定牠能聽懂我說的話。

拉布拉多原本就喜歡游泳，但我覺得錢錢是最喜歡玩水的那一個。牠從不放過任何在小溪或湖泊中嬉戲的機會。我多想帶牠去海邊暢遊，在平坦的沙灘上奔跑、在起伏的海浪中遊戲。爸媽卻說，想都不用想了，爸爸的生意不太好，現在我們根本沒錢去海邊度假。

每到禮拜天，我們家就會去一條貫穿整個城鎮的河邊散步。這條河很寬闊，寬闊得就像大海一樣。河水流經橋下的時候，尤為湍急兇險。

　　某個禮拜天，也不知道錢錢是怎麼了，一大早起來就格外興奮。我們照常散步時，牠突然跑丟了。我們大聲呼喊牠的名字，但牠就是不見蹤影。正心急如焚時，一隻在急流中拼命掙扎的小狗進入了我的視線。直到今天，我還是搞不清楚牠是怎麼掉下去的，因為牠很清楚，我們絕對不會允許牠跳進河裡玩。水流非常湍急，錢錢奮力划動四肢，向著橋邊遊去。兩個橋墩之間有人拉起了一張網，錢錢就被困在了網中。河水一次次淹過牠的頭頂，牠沉在水下的時間愈來愈長，眼看著就要不支沒頂了！

　　我必須救錢錢，不能眼睜睜看著牠溺死！我顧不上自己的安危，也沒時間細想，就一頭栽進水裡。我一定要救錢錢！河水迅速淹沒了我，直灌進我喉嚨深處。因為嗆了水，我一下子慌了手腳。我的四周滿是又髒又冷的水，只覺得天旋地轉，眼前的世界忽然一片漆黑。接下來發生了什麼事，我就完全不記得了。

　　後來，爸媽告訴我，當時我和錢錢都困在了那張網子裡。幸好一艘水上巡警的救生艇就在附近……據說我在失去意識之前，

緊緊地抱住了錢錢。無論如何，我和錢錢都得救了。

不知道他們是如何叫醒我的。謝天謝地，我沒有大礙，在醫院待幾個小時就可以回家了。不過，我還是很虛弱，不得不躺在床上休息了好幾天。

錢錢比我恢復得快多了。牠守在我的床邊寸步不離，在我面前一坐就是幾個小時，靜靜看著我。錢錢用眼神告訴我，牠明白所發生的一切。

很多人不知道，小狗會用目光表達感激之情。錢錢就這樣一直用著充滿感激的眼光看著我，而當時我還無法預知，接下來會發生什麼事……

不久以後，我滿十二歲了，一切還是老樣子，我們依然沒有錢去海邊度假。爸媽依然深陷「經濟衰退」的泥淖——這是他們自己的說法，意思是說我家的財務狀況不好，是因為整個國家的經濟形勢都不好。我真心不懂，既然整體經濟形勢這麼糟糕，為什麼我朋友莫妮卡的家裡卻愈來愈有錢呢？我說出了心裡的大問號，爸媽聽了十分生氣，理都不理我。接下來的好幾個月，爸爸的工作銷售業績持續低迷，家裡的氣氛也是一片愁雲慘霧。媽媽總是時不時地抱怨，說不該買下這棟房子。我覺得她這樣想純粹

是浪費時間，因為沒有人能改變過去。再說，如果沒有買下房子，我也就無法留下錢錢了。我還是很慶幸我們能買下這棟房子。

有一天，神奇的事情發生了。當時，我在電視廣告上看到了一組電話號碼，只要打過去就能訂購我最喜歡的樂團的新專輯。

我抓起話筒開始撥號。突然聽見一個聲音對我說：「綺拉，妳應該先好好想想，自己是不是真的買得起這張專輯。」

我嚇了一大跳，連忙放下話筒，扭過頭來看看四周。門是關著的，房間裡只有我一個人，根本就沒有別人——當然，還有錢錢陪著我。也許只是我的幻覺⋯⋯過了一會，我又拿起電話重新撥號。突然，那個聲音又響了起來：「綺拉，妳要是買了這張專輯，妳這個月的零用錢就會花個精光了。」

錢錢正蹲在我面前，微微歪著腦袋。咦？聲音好像是從牠那裡發出來的？這怎麼可能！我又激動又害怕，暗自心想：「狗是不會說話的，就算是錢錢這樣聰明的小狗，也不可能會說話。」

錢錢看著我：「很久很久以前，所有的狗都會說話——只是和人類說話的方式不一樣。後來，這項能力慢慢退化了。不過，我還是有說話的能力。」

我曾經在電影裡看到一頭會說話的駱駝，但我覺得那只是電影而已。現在我不是在電影裡，而是在現實中。突然，我轉念一想，也許我是在做夢，便趕緊捏了捏自己的手臂——唉呀，好痛！原來不是在做夢啊。

錢錢一直看著我，我又聽到了那個聲音：「妳冷靜下來了嗎？我們可以聊聊嗎？還是妳要繼續大驚小怪，繼續捏自己呢？」

不知道為什麼，那一瞬間，我覺得聽到錢錢說話似乎理所當然，彷彿我們已經這樣交談了好多年。只有一點讓我覺得奇怪：錢錢說話時，嘴巴一動也不動。

「我們小狗說話的能力可比你們人類高超多了。我們想告訴對方什麼，就會把想法直接傳送到對方的腦海。」錢錢說，「所以，我也能知道妳腦海裡的想法。」

我真是驚訝極了，連忙問牠：「你是說，你能讀出我所有的想法？」我一邊說著，一邊連忙回憶自己都想過些什麼……

錢錢打斷了我的思緒：「我當然知道妳在想什麼。兩個生物彼此靠近時，總是或多或少能明白對方心裡想什麼。我知道，妳總是在煩惱爸媽的財務狀況。我還發現，妳也開始和他們犯下

同樣的錯誤了。一個人能不能好好跟錢打交道，其實在人生的早期就會定型。照理來說，我不應該和妳說話，要是被科學家知道了，他們一定會把我關進籠子，在我身上做各種實驗。所以，我從沒告訴過別人我會說話。但妳冒著生命危險救過我，就當作是破例吧。不過，這是我們之間的秘密，千萬不能告訴其他人。」

我有一大堆問題想問錢錢。我想知道牠從哪裡來、牠以前的主人是誰，又是誰把牠弄傷了……但牠打斷了我的思緒：「我們能交談，是一份很棒的禮物，以後妳就會懂。不過現在，我們就不要浪費時間問問題了。我覺得，我們就只談論跟錢有關的話題吧，我可不想為了其他事情冒風險。」

「可是我對別的話題更感興趣啊。」我心想。再說，媽媽也常說，金錢不是生命中最重要的東西。

「我也認為金錢不是生命中最重要的東西。但如果隨時隨地都缺錢，錢就變得非常重要了。回想一下，我們那次溺水的時候，一心只想著要從河裡爬到岸上，其他事情都變得無關緊要了，對嗎？現在，你的爸媽也面臨著同樣的狀況。他們有嚴重的財務問題，而且一直為此煩惱，整天只想著從『錢』的麻煩中脫身——就像是處於溺水的邊緣。所以我想幫助妳，讓妳改變做事

的方式，免得妳也陷入同樣的窘境。只要妳願意，我就會告訴妳怎樣讓錢變成讓妳快樂、幫助妳更上一層樓的生活好幫手。」

我從來沒認真考慮過這件事。我當然希望爸媽更有錢，但我也不免有些疑慮：向一隻小狗討教跟錢有關的知識，真的有用嗎？

「我們等著看。」錢錢又打斷了我的思緒，帶著一抹得意的笑，「還有一點很重要：妳自己要真正渴望學習，我才能幫得了妳。請好好想一想吧。你們人類呀，總是很容易被自己的想法搞糊塗，我建議妳要時不時把一些東西筆記下來。這樣吧，妳明天之前寫下 10 個理由，說說自己為什麼想要變有錢。明天下午四點，我們再一起去森林裡散散步。」

我總覺得自己年紀還小，還沒到需要嚴肅思考「錢」這樣艱深問題的年紀。而且，爸媽的生活給我留下的印象是，錢實在不是什麼令人愉悅的東西。錢錢當然知道我在想什麼，我立即聽到牠對我說：「妳的爸媽財務狀況不佳，就是因為他們在像妳這麼大時，沒有學會怎麼和錢打交道。中國的智者老子有句名言：『天下難事，必作於易；天下大事，必作於細。』我想告訴妳一些金錢的秘密和法則，但前提是妳必須真的渴望變得更富有。妳

首先得為此列出 10 條理由，在這之前，我不會再和妳說話。」

那天剩下的時間裡，我絞盡腦汁地想啊想。是啊，我要考慮的事情太多了。不論如何，我都決定永遠不向任何人透露我這個奇跡般的發現。

我不想讓錢錢變成無數科學實驗的犧牲品。永遠不想。一想到錢錢會被關進籠子，渾身上下插滿了各種各樣的管子……不，我不能讓錢錢遭受這樣的對待！這樣一想，看來我絕對不能和任何人說起錢錢能「說話」的秘密。我決定了，以後不再多追問一句錢錢和牠擁有的超能力，嗯，這樣我就一定能永遠守住我的秘密。

但對於是否要開始考慮錢的問題，我還沒有下定決心。這時，我又想起了那句老子名言：「天下難事，必作於易；天下大事，必作於細。」這到底是什麼意思呢？

突然間，我好像有點懂了。鄰居家的狗狗亨利不就是這樣嗎？亨利來到鄰居家時已經 5 歲了，完全聽不懂指令。鄰居總是說，現在要教會牠指令已經太困難，如果在牠很小的時候就進行訓練，就會比較容易。

爸媽要學習金錢的知識，也許會和亨利差不多。而且錢錢說

起話來，總是一副一板一眼、把握十足的架勢。那好吧，我就努力找出 10 個理由吧，努力想想為什麼我希望變得富有。這可是不簡單呢，因為我的大部分願望實現起來都不需要很多錢。

三個小時之後，我總算是列出了一份願望清單：

1. 一輛有 18 檔變速的登山自行車。
2. 可以隨心所欲地買專輯。
3. 買下渴望已久的漂亮運動鞋。
4. 可以和住在 200 公里外的好朋友講很久很久的電話。
5. 明年夏天飛去美國參加交換生計劃，提升我的英語水準。
6. 幫家裡還清債務，讓爸媽不再垂頭喪氣。
7. 請爸媽去義大利餐廳吃大餐。
8. 幫助和我一樣缺錢的孩子。
9. 買下那件黑色的品牌牛仔褲。
10. 買一臺電腦，最好是筆記型電腦。

我把 10 條理由一一列了出來，突然有了一種想要變得富有的強烈渴望。畢竟富人可以輕而易舉地實現我的這些願望，還能

做更多更有意思的事。這時，我想起了我的朋友莫妮卡。我想去問一問錢錢，能不能把我學到的金錢知識也告訴她。我巴不得時間能過得快一點，最好眨眼就能到明天下午四點，這樣就能知道怎麼才能變得「富有」了。

Chapter 2

夢想存錢筒和夢想相簿

　　我完完全全沒辦法集中精神寫作業。時針一指到四點，我就飛奔到花園裡。那隻白色的拉布拉多已經等在那裡了。我一把抓起錢錢脖子上的繩索，牽著牠向森林走去。我一路上什麼都不敢說，直到找到了一個完美的藏身處才終於放下心來。那是黑莓灌木叢裡的一小塊空地。我們先爬過灌木叢中一條五公尺長的狹窄通道，再在叢林深處清出了一塊空地，真舒服呀！除了我和錢錢，沒有人能找到這裡。在這裡，我們非常安全。

　　我心裡太激動了。希望錢錢還能說話，畢竟誰也不知道下一秒會發生什麼事。我有好多好多問題想問牠，可又想起牠只願意談論錢的話題，就靜下來等著牠先開口。

　　錢錢看著我說：「綺拉，妳有沒有發現，變得富有是一件好事？」

　　「那當然。」我急忙回答，趕緊拿出我列好的願望清單。

「唸給我聽聽吧。」錢錢說。

於是我照著清單唸了一遍。

「這裡面哪幾項對妳來說是最重要的事情？」錢錢接著問道。

「全都很重要。」

「我想也是。但還是要請妳仔細看看這張清單，圈出最重要的3項。」

我又認真把清單一條條重讀一遍。要選出最重要的3個願望真是太難了，我考慮再三才標出下面這3項：

1. 明年夏天飛去美國參加交換生計劃，提升我的英語水準。
2. 買一臺電腦，最好是筆記型電腦。
3. 幫家裡還清債務，讓爸媽不再垂頭喪氣。

「這些選擇非常明智！」錢錢顯得相當興奮，「恭喜妳！」

我心裡有點得意。不過，我還是沒怎麼搞懂這背後有什麼深意。錢錢當然迅速讀出了我的想法，立刻回答：「大多數人其實根本不清楚自己想要什麼，他們只知道自己想要得到更多的東

西。想像一下，如果妳寄信給一家大型郵購商店，只說妳想要『很多好東西』，他們肯定沒辦法寄什麼給妳；就算妳求他們只需要給妳『幾樣好東西』，也依然什麼都得不到。我們的願望也是如此。我們必須清楚知道自己內心的願望，知道它是什麼，才有可能得到它。」

我有點不敢相信：「你是說，如果我能認清我的願望，就能去實現它？」

「當然妳還得付出努力，」錢錢回答道，「不過妳已經邁出了最關鍵的一步。」

「就是把願望寫了下來？」

「是的。」錢錢說，「從現在起，妳要每天讀一讀這個願望清單，這樣才能把它們真正放在心上，然後妳就要開始密切關注和尋找能幫助妳實現願望的機會。」

「這個方法真的有用嗎？我是可以試試看啦。」我還是有點懷疑。

錢錢嚴肅地盯著我：「如果妳總是這樣半信半疑，那就不會有用了。不過，只要做到 3 件事，就能輕鬆轉變妳的態度。第一，找一個空白相簿來當作你的夢想相簿，再蒐集一些能夠描繪

妳夢想的圖片，把它們貼在相簿上。我們要用圖片來想像。」

「用圖片來想像？」我問。

「也就是說不要去想那些抽象的文字。當你想到加州時，你腦子裡會冒出『加州』這個詞，還是會想到一些畫面？」

錢錢說得對，我眼前頓時浮現出迪士尼樂園、舊金山和好萊塢的畫面。

「那我要怎麼找到這類圖片呢？」我又問。

錢錢有點詫異地看著我，牠抬起眼皮，彷彿在嘲笑我。

「好吧，」我趕緊說，「筆電的圖片在廣告上就有，美國的圖片也可以找得到。但我還是搞不懂為什麼要這麼做。」

「有時我們不需要搞清楚一個辦法為什麼有用，又是如何發揮作用的。重要的是，它確實有用。就拿『電』來說，你能解釋一下電是如何運作的嗎？」

我沒料到錢錢會拋出這樣的問題。為什麼偏偏問我電的問題？要是問到重力，我還能多少講個幾句。學校正好教過。

「妳看，」錢錢沒理會我，繼續說，「只要按一下開關，燈就亮了——根本不需要解釋電是如何運作的。我們小狗對那些理論專有名詞不感興趣，我們只要知道什麼有用就足夠了。好了，

妳就準備好一本相簿，然後在上面貼上圖片吧！」

「我只是好奇嘛。」我嘟囔著。

錢錢立刻說：「好奇是個優點。但是妳不能光只是在那裡好奇，不能因為想法太多就忘了行動。有太多人就是覺得自己還沒完全弄懂，做事才會猶豫不決。但是立刻著手去做，才是更聰明的選擇。」

「知道啦，」我向錢錢保證，「我會試試看。」

錢錢再次打斷了我：「不是試試看，而是去行動。如果妳抱著嘗試的心態，就代表妳已經有悲觀和消極的預期心理了。所謂『試試看』，只不過是在為失敗提前找藉口、為自己找退路。沒有什麼試試看：要就做，不然就別做。」

我思索了好一陣子。我身邊好像就有個人老是喜歡說，我試試看這個，我試試看那個，沒錯，就是爸爸。他總是說，「我今天會試試看爭取一個新客戶」，但通常都以失敗告終。錢錢說的似乎有道理。也許，爸爸的問題就出在「試試看」上吧。好吧，我決定試試看不再用「試試看」這個詞。

錢錢輕輕哼了一聲。該死，我暗想，怎麼又說了「試試看」？好吧，我以後不會再用這個詞了。

錢錢一直盯著我：「實際上好像有點難，對吧？」

我記得，這隻拉布拉多說過我要做到三件事，才能更加確信自己的願望真的可以實現。第一件事是準備一個夢想相簿，貼上與我的夢想有關的照片，那另外的兩件事是什麼呢？

錢錢的回答馬上來了：「妳要做的第二件事，就是每天都要看幾遍相簿，盡情想像自己已經身在美國、擁有一臺筆電，也幫爸爸還清了債務，春風得意的樣子。」

我吃驚地說：「這是在做夢吧！媽媽總是說，不能做白日夢。」

錢錢相當有耐心地解釋：「這是視覺化練習。那些有所成就的人，一直都在夢想著自己成功的樣子，他們總是不斷地想像著願望實現時的情景。當然，人不能只是停留在想像中，我認為妳媽是想表達這個意思。」

這一切對我來說太新奇了，與我設想的金錢第一課截然不同。錢錢又立刻讀懂了我的想法：「這就是學習，學習新的思想和新的觀念。如果一個人總是用同樣的方式思考，他就永遠只能得出同樣的結論。我說的這些內容，對妳來說感覺很陌生吧，所以我建議妳記住：在行動之前，不要批評；不去想像成功的美

好，就不能達成目標；精力集中在哪裡，哪裡就會開花結果。只不過，大多數人總是把心力花在自己不喜歡的事情上，而不去想自己真正渴望擁有的東西。」

我不由得想到了克莉絲姑媽。她總是覺得自己承受太多事，快要撐不住了，就連應付一些小事也力不從心。我還想到了爸爸。他老是想著我們的處境有多麼糟糕——而我們的狀況似乎也因此愈來愈差。

「妳要做的第三件事，就是準備夢想存錢筒。」錢錢接著說。

「夢想存錢筒？」我又大吃一驚。

錢錢笑著解釋：「是的。沒有錢妳可去不了加州。如果想存夠錢，最佳的辦法就是好好利用夢想存錢筒。找一個罐子當作存錢筒吧，什麼樣的罐子都可以，然後把妳的夢想寫在罐身上。不過，每一個夢想都要單獨有一個存錢筒。有了夢想存錢筒後，就要把所有多餘的錢放進去。」

我馬上在心裡抗議：「那我得擺很多個存錢筒耶！就算我每次都往每個罐子裡放一塊錢，至少也得等到過二十歲生日才能存夠錢吧？這樣一來，我就完全沒有錢可以做別的事情了……」

錢錢平靜地看著我：「注意到了嗎？妳往往先找各種理由來證明自己做不到某件事。」

　　「有時候是這樣沒錯。」我嘀咕道，「但你不認為我們更應該想的是，我該怎麼做才能拿到更多零用錢嗎？要是我的零用錢比現在多一倍，我的日子就好過多了！」

　　錢錢的聲音一下子嚴肅起來：「綺拉，也許現在妳不相信我說的話，但我還是要告訴妳，即使妳拿到比現在多十倍的零用錢，妳的問題也只會變得更麻煩。因為隨著收入增加，我們的支出也會跟著增加。」

　　我覺得錢錢有點誇大其詞了。要是我的零用錢比現在多十倍，生活一定過得像天堂。

　　但錢錢十分堅持：「看看你的爸媽。他們的收入比我們多十倍還不止，可能有上百倍那麼多吧。但他們還是過得不好。錢的多少並不是最關鍵的，更重要的是：我們要拿錢來做什麼。我們必須學會好好和手上擁有的金錢打交道，這樣才有資格得到更多。這些等過幾天我再詳細解釋給妳聽。現在講回我們的夢想存錢筒，馬上行動吧？」

　　「可是，這麼多的存錢筒我會搞混的。」我說。

「所以才要妳從願望清單裡選出最重要的幾項呀。」錢錢說。

　　我又看了一遍我列的清單。沒錯，我最重要的願望是去美國、買一臺筆電，以及幫爸媽擺脫債務。我或許能為前兩個願望準備個存錢筒，而幫家裡還債，這個夢想實在是太遙不可及了。

　　「沒錯！」錢錢看出了我的想法，「過幾天，我們談談妳爸媽的債務問題，那其實比妳想像中更簡單。妳現在只要準備好兩個夢想存錢筒就好。趕快行動吧！」

　　「好的，我會試……不，我會去做的。」我向錢錢保證。

　　「那就開始吧。」錢錢堅定地說。

　　「你是說，現在就開始？」我有些吃驚。

　　錢錢堅決地點點頭。

　　好吧。我閉上眼睛，想像在自己的筆電上寫著作業，似乎連作業都變得更有趣了。對了，修改錯誤也更方便快速，讓我對拿到好成績志在必得！而且，我還能用筆電玩超棒的遊戲呢……接著，我又開始想像自己即將在舊金山度過三個禮拜：我住在友善的寄宿家庭裡，結識一位可愛的小同伴，和她一起度過了美好的時光，我從未遇到過這樣心有靈犀的好朋友。我還學到了很多東

西，一切都是那麼的不同⋯⋯

我甚至想像了一下爸爸滿面春風開車送我去機場的情景。他已經擺脫債務的拖累，臉上滿是自豪。看見他那麼快樂真是太好了！他還吹起了口哨，想試著吹出一首曲子，一不小心卻走了調。不過，我喜歡他高興的樣子。

過了一會，我睜開了眼睛。錢錢馬上問：「怎麼樣？」

「非常好，」我回答道，「我很享受這種感覺。但我還是搞不懂這樣做有什麼用。」

「想想電的問題，」錢錢又說，「妳不一定要搞清楚電的原理，只要知道它一定有用就行。說實話，我也沒辦法解釋得很清楚。不過，一隻充滿智慧的海鷗曾說過：『在你展翅飛翔之前，你就必須相信自己一定能到達目的地。』妳必須想像自己擁有了這些東西，只有這樣，小小的願望才會變成一種強烈的渴求。總有一天，妳會對舊金山愈來愈嚮往──妳想像得愈多，妳的願望就會變得愈強烈。然後，妳就會開始尋找機會去實現願望。綺拉，機會到處都是，但只有去尋找，才能發現；只有擁有強烈的渴望，才會去尋找；而只有不斷地去想像，才會擁有強烈的渴望。」

「也許你是對的，」我邊想邊說，「我確實有過去舊金山的計劃。我委婉地問過媽媽一次，可是她馬上叫我想都別想。之後，我就沒再把這件事放在心上了。但現在，我突然強烈想要實現這個願望。」

錢錢滿意極了：「那是不是該獎勵我一塊餅乾啦？」

我嚇了一跳。真的，自從錢錢變成我的老師後，我就再沒把牠當作一隻狗！我回過神來，趕快給牠幾塊狗餅乾，牠美滋滋地一口吞下。

我還有好多問題想問牠。突然之間，我覺得世界上好像充滿了秘密。但錢錢說過，牠只願意和我討論錢的問題，所以，我只好把那些問題藏在心裡。不過，有件事始終困擾著我。於是，我忍不住開口問道：「錢錢，你是從哪裡學會這麼多東西的呀？」

錢錢樂了：「因為狗天生聰明吧。」

「那……難道拳獅狗和貴賓狗也懂這麼多嗎？」

錢錢笑著說：「我以前住在一位非常富有的先生家裡。但我現在不想說這個，妳以後自然就會知道。我們先回去吧，天色很晚了。」

錢錢提醒得對，轉眼已經到了晚飯時間，我們一路小跑回

家。我肚子並不餓，吃飯時心不在焉，媽媽憂心忡忡地看著我說：「綺拉，妳不舒服嗎？」

我只是長長地嘆了一口氣，什麼也沒有說。畢竟，還有好多問題需要我琢磨呢。

吃完晚飯後，我回到自己的房間，立即開始行動。需要一個夢想相簿的話，我翻出的一本舊紀念冊就能派上用場。現在，我要把筆電和加州的圖片貼上去。但這時我驚訝地發現：我竟然沒有任何圖片，連個廣告頁都沒有。

我這才意識到，我以前完全沒有認真對待自己的願望。好！我決定了，明天一早就去找廣告！今天的話，就至少把夢想存錢筒準備好。

我好不容易找到一個空的夾心巧克力盒，先用透明膠帶封好盒蓋，再在上面劃出一道開口，就像常見的小豬撲滿上的開口，然後用奇異筆寫上「筆記型電腦」幾個大字。等找到筆電的圖片，我打算挑一張特別漂亮的貼上去。要是能找到一張像整個盒蓋那麼大的圖片貼上，這個盒子看起來就像是一個真正的筆記型電腦了——除了多出來的那道開口。我覺得這個想法很不錯。之後，我又找來爸爸的一條菸盒，在上面寫好「舊金山」的標籤。

大功告成後，我鬆了口氣。夢想存錢筒已經有了，該在裡面放什麼呢？每個月我都有 12 歐元的零用錢，剛好夠買一張專輯。我盤算著，要是每個存錢筒裡都放 3 歐元，那就買不了專輯了。真是個艱難的抉擇！最後，我對自己說，一段時間以後，我要不就是擁有一堆專輯，要不就是實現幾個重大的目標……也許我應該每兩三個月再買一張專輯，這樣至少能省下一半的零用錢。我愈想愈覺得這個主意很棒，就在每個存錢筒裡放進 3 歐元。

　　我自豪地看著兩個夢想存錢筒，它們好像一下子重如千鈞。我覺得我一定能成功！這種感覺好極了！

　　我躺在床上，心裡激動萬分。看看這一天我學到了什麼！我的生活突然變得如此精彩！我可以肯定，從來沒有人擁有過一隻像錢錢這樣的狗。我慢慢進入夢鄉，夢見了錢錢，還有美國和我的筆記型電腦。

Chapter 3

很會賺錢的男孩戴瑞

「綺拉，該起床了！」我聽見了媽媽的聲音。要不是媽媽叫醒我，我就要睡過頭了。有時候，我覺得人會多睡一下，是為了要在夢鄉裡待得更久一點。

我在床上伸了個懶腰。媽媽拉開了窗簾，陽光頓時溢滿了整個房間。看到屋裡亂糟糟的，她有些不滿，最後，目光落在了我的夢想存錢筒上。她依次拿了起來，皺著眉頭念著上面的字：「筆記型電腦……舊金山……這究竟是什麼鬼東西？」

我的臉唰地一下紅了，覺得渾身發燙。「媽，妳知道的，我想參加去美國的交換生計劃，另外，我覺得有筆電會更好做作業，所以我想要存錢。」

媽媽驚呆了。她一手拿著一個存錢筒，搖晃了幾下，裡面的硬幣頓時發出叮噹的響聲。「這裡面還真有錢呢，有多少呀？」

我不喜歡這樣的談話，小聲嘟囔著說：「3歐元。」

媽媽噗哧一聲笑了出來：「哈哈，3 歐元就想買筆記型電腦，3 歐元就想去美國旅行，妳的錢可真是夠『多』了呢。如果去美國需要花 1,500 歐元，那麼……」她開始心算，可惜她並不怎麼擅長──「每個月存 3 歐元，一年是 36 歐元，十年是 360 歐元……那得等四十多年，妳才搭得上飛機！」她終於算出來了，放聲大笑起來。

　　我討厭媽媽嘲笑我的樣子。我突然覺得自己簡直蠢透了，眼淚直在眼眶裡打轉。我才不想讓她看見呢！可是，雖然我極力忍著，眼淚還是不爭氣地掉了下來，這讓我更加懊惱了。

　　媽媽走出房間，衝著爸爸喊道：「嘿，喬治，我們的女兒是個理財天才，她很快就要去舊金山了，哈哈哈！」

　　我終於無法忍受了，便朝著走廊大吼：「你們等著瞧，我一定會去的，就在明年暑假！我才不會寄明信片給你們！你們就自己背著一屁股債吧，我是不會幫你們的！」

　　我狠狠甩上門，一下子撲到床上，傷心地大哭起來。我太生自己的氣了！根本不該告訴她的，該踩爛那些存錢筒才對！我太可笑了！這樣什麼時候才能存夠錢？我想像中的一切根本就是不可能的事！放學後，我要做的第一件事就是告訴錢錢，別異想天

開了，我才不要等到年紀一把才去美國呢！

　　這一天在學校裡也糟透了。我沒辦法集中注意力，還好今天不用考試，也不用做課堂作業，不然肯定過不了關。我甚至沒和同桌兼好朋友莫妮卡說一句話，一直在發呆，等不及要放學回家。最後，莫妮卡受不了我總是一言不發的沉默感，遞來了一張紙條，我看也沒看就直接塞進了牛仔褲口袋裡。

　　課間休息時，我立刻走出教室，只想一個人待著。莫妮卡跟著跑出來，追上我，委屈兮兮地問：「妳怎麼了？是不是生病了，還是丟了什麼東西？難道是和爸媽吵架了？別擔心，都會沒事的……啊，不會是找到錢錢以前的主人了吧？」

　　「全都不是。」我打斷了她，不然她會一直追問下去。她就是這樣愛說話，太愛說話了，也保守不了秘密。我們的班長傑森說過，要是告訴莫妮卡什麼事，就等於把這事直接登在了報紙上。

　　可是莫妮卡完全不死心，還在追根究柢。像所有話多的人一樣，她的好奇心也特別旺盛。我知道自己是沒辦法清淨了，便開始盤算該怎麼回答她，才不會給錢錢帶來危險。最後，我決定告訴她存錢筒的事情和媽媽的嘲笑，說完後，又總結道：「總之，

我需要很多錢，而且要很快。」

莫妮卡顯然有點搞不清楚我的意思，她說：「那妳去找妳的爺爺奶奶呀，他們一定有很多錢。換作是我，我肯定會這樣做。」

「莫妮卡，我爺爺奶奶要照顧自己都來不及了。」我回答道。

莫妮卡家很有錢，而我家就另當別論了。

「那就問問妳的叔叔和嬸嬸。」莫妮卡又想了個主意。

「妳別煩我了！」我說，「我們家的人都沒錢！我根本沒辦法弄到錢！」

「我不知道妳是不是真的沒辦法找到人幫忙，我只知道，妳很輕易就放棄了。妳連試都沒試，卻總是先想著『行不通』，這樣肯定不會成功啊。」莫妮卡這樣說道。

我心中一驚，錢錢也說過這樣的話。也許他們說的真的有道理。莫妮卡有很多缺點，但她的確從不輕易放棄。她在學業上沒什麼特別的天賦，不算是最聰明的學生，但每次考試都沒落後過。

上課時間到了，我們一起走回教室。我暗暗下定決心，以後

再也不那麼消極地面對問題了。

　　終於熬到了放學，我一路飛奔回家，三口兩口吃完晚餐，牽起錢錢就跑進了森林。好不容易到了我們的秘密基地，我把憋在心裡的話一股腦地全倒了出來：「我真的要被你的爛點子氣瘋了！我媽發現了我的存錢筒，還狠狠嘲笑我一番。她幫我算了一下，我要等四十多年才有辦法搭飛機去美國。到那時候，我都已經變成老奶奶了！」

　　錢錢沉默地看了看我，然後低下頭去，牠看起來有點傷心。

　　終於，我聽見牠輕輕地說：「妳是真的想去美國，真的想買筆記型電腦嗎？」

　　「當然！」我堅定地說，那斬釘截鐵的語氣讓我自己都有點吃驚。不管是透過什麼視覺化練習、夢想存錢筒，還是那只是半成品的夢想相簿，只要能讓我實現願望就行！

　　「那就好，」錢錢懇切地說，「因為這才是最重要的。能不能立刻知道怎麼去實現不是最關鍵的，更重要的是，妳確實有實現夢想的願望，要不然，遇上一點困難妳就會放棄了。」

　　這話聽起來很有道理。和媽媽爭吵一番後，我更加堅定了自己的想法。我一定要做到！

「我也從沒說過做到這件事會很容易啊。」錢錢接著說道。

「我知道。但是我一點也沒料到我媽是這樣的態度。」我抱怨道。

「讓我們感到痛苦的，往往是那些我們完全沒有預料到的問題。」錢錢回答道，「不過，現在我們要好好想想，怎麼才能趕在妳變成老奶奶前就存到足夠的錢。」

「希望渺茫啊！」我說，「我和莫妮卡也商量過。我沒有能借錢的富親戚，真讓人絕望。」

錢錢氣呼呼地撓著爪子：「不要總想著那些行不通的方案。妳完全可以打工賺錢啊。」

我也很生自己的氣，不是決定了不要總是先想消極的一面嗎？但我一個 12 歲的小女孩又能怎麼賺錢呢？突然，我有了個點子：「說不定我可以定期幫家裡修剪草皮，這樣每次肯定能賺個幾塊錢。」

錢錢卻不贊成：「妳也住在這個家裡，享受妳家的花園，幫忙做點家事是應該的，不能因為這個伸手跟爸媽要酬勞。再說，他們替你做了很多事情，但從來都沒有把帳算在妳身上呢。」

「好吧，你說得對。那請你告訴我，到底該怎麼賺錢呢？」

我問。

「這個並不難。」錢錢說，「等之後我講講男孩戴瑞的故事給妳聽吧，那個故事超級精彩。戴瑞原本也是個普通人，卻在17歲就賺到了幾百萬。在講這個故事之前，我得先跟妳說點更重要的事：妳能不能賺到錢，看的不是你有沒有好點子，也不是妳有多麼優秀，最關鍵的是妳有沒有自信。」

「自信？」我重複道，「這和賺錢有什麼關係？」

錢錢鄭重地昂起頭，表示牠將說出一番意義重大的話：「是否自信決定著妳是否敢去做某些事。如果沒有這份自信，妳就不會開始去做；而如果不動手去做，就什麼也不會發生。」

我不知道自己是否聽懂了錢錢的話。不過，我想到了一件事。不久前，我忘了準備第二天的隨堂考，早上到學校時才聽同學們說起。但我相信自己很快就能完成複習，所以翹了兩節藝術課，坐在學校操場上抱佛腳。最後，我的確獲得不錯的成績。如果當時我不相信自己的能力，那我就不敢這樣做，也根本不可能立即開始複習。

「太棒了！」錢錢歡呼道，「這就是自信！」我又忘了，錢錢總是能讀懂我腦子裡的想法。

我有點不解地說：「但我不覺得自己特別自信哪。」

「這倒是，」錢錢表示贊同，「不過要增強信心也不難，想聽聽該怎麼做嗎？」

「當然。」我趕緊回答。

「那就告訴妳吧。拿一本空白的練習冊或日記本，取名叫『成功日記』，把所有妳做到的事情都寫上去。妳最好每天都要記錄，至少寫上五項成果，任何小事都可以。一開始妳可能會覺得很吃力，或許會問自己，這件事或那件事到底算不算『成果』呢。當妳有所遲疑時，要一直告訴自己，這就是成果。過於自信總比缺乏自信要好得多嘛。」

錢錢略微思索了一下，繼續說：「現在就開始寫吧。晚餐後見面時，我再講戴瑞的故事給妳聽。」

我真想立刻就聽聽這個故事，但我愈來愈信任錢錢，知道牠這麼做自有道理。所以我同意晚餐後再聽，現在先和牠一起散步回去。

到家後，我馬上回到自己的房間，拿出一個用過的化學作業本，撕掉了寫過字的幾張紙，又在封面上貼了一個新標籤，寫上：「成功日記」。

我寫下今天的日期，想馬上開始記錄，可最終沒有下筆，只是怔怔地看著空白的頁面。昨天做到了什麼事呢？我想了很久也想不起來。也許，準備夢想存錢筒也算一件吧，但我又不確定這到底算不算成果。該不該寫下來呢，我猶豫起來。

　　突然，我想起錢錢對我說過，剛開始你或許會問自己，到底要不要記下這件事。答案是一定要記！

　　就聽牠的吧，於是我一口氣寫下：

1. 我做了兩個夢想存錢筒。雖然不知道是否真的有用，但如果不做，那肯定什麼事都不會發生。
2. 我在每個存錢筒裡放進了 3 歐元。
3. 我開始製作夢想相簿。
4. 今天，我開始記錄成功日記。
5. 我決定要賺很多錢。
6. 我決定永不放棄。
7. 我要學習很多關於錢和賺錢的知識。

　　我看了看這份清單，突然覺得很是自豪。肯定沒有幾個孩子

能做到這些事，所以我覺得自己還蠻了不起的。非凡的人可能都有點瘋狂吧。

很快就到了做作業的時間。吃過晚餐後，我又牽著錢錢走向森林。正是夏天，天還很亮。雖然媽媽不喜歡我晚上還往森林裡跑，但我必須和錢錢單獨聊聊天。

我先是驕傲地告訴錢錢，我已經開始寫成功日記了，真的寫上了五項成果。錢錢露出了滿意的神情。

隨後，我迫不及待地央求地替我講講戴瑞的故事。

錢錢故意磨蹭了一會，才開始講起來：「有一次，戴瑞講他自己的故事時，我恰好在場。故事是這樣的：戴瑞 8 歲的時候，有一天他想去電影院看電影，但身上一毛錢都沒有，於是，他就問了自己一個基本的問題：是要跟爸媽要錢呢，還是自己賺錢？最後，他選擇了後者。他在街角擺了個小攤位，向路人兜售自製的汽水。可惜那時正值隆冬，根本沒人買，除了兩個人——他的爸爸和媽媽。

「後來，他恰好有一個好機會，可以和一位非常成功的商人聊天。他說出了自己『破產』的經歷，商人給了他兩個非常重要的建議：要想著去幫別人解決問題，才能賺到錢；要把精力一直

集中在你知道的、能做到的和擁有的東西上。

「這兩條建議很重要。但是一個 8 歲小孩能做的事情實在不多，於是他在街上走來走去，不斷思考著別人可能需要解決什麼問題，而他憑自己的能力又能解決什麼樣的問題。

「這件事情可不簡單。他一直沒想到合適的點子，直到有一天，他爸爸不經意間幫他找到了方向。那天早餐時，爸爸請他幫忙去拿報紙。在美國，派報員總是把報紙投放在花園籬笆上專用的報箱裡，也就是說，人們如果想舒舒服服地穿著睡衣、邊吃早餐邊看報紙，就不得不走出暖和的房間，到花園入口取報紙，不管外面是在颱風還是下雨。雖然這段距離一般只有二三十公尺，但也確實挺煩人的。

「戴瑞在替爸爸拿報紙時，想到了一個點子。當天，他就逐一按響了鄰居家的門鈴，表示自己願意每天早上幫忙把報紙塞到房門底下，而他們只需每個月支付一美元。大部分鄰居都同意了。戴瑞很快就有了七十多家客戶，一個月後，當他清點收入後，覺得自己簡直飛上了天。

「他樂壞了，但並沒有滿足於現狀，而是繼續尋找其他的機會。要知道，一旦嘗到甜頭，就很難停下來了！他又向顧客們提

出，他們可以將垃圾袋放在門口，等他早上送報紙時順便丟進垃圾桶──只是，每月要再多收一美元。他還幫他們照顧寵物、看家顧院，或是澆灌花草。但他從不以小時計費，因為透過其他方式計費能賺到的錢更多。

「9歲時，戴瑞學會了使用爸爸的電腦。他開始學著寫『廣告』，同時還不斷記下能讓小孩賺錢的各種創意。他的好點子愈來愈多，積蓄也愈來愈豐厚，媽媽便開始教他記帳。這樣的話，他就能弄清楚什麼時候該找誰收錢了。

「他還召集了其他小孩來幫忙，把自己收入的一半分給他們。這樣一來，他的帳戶裡便有了源源不斷的收入。

「一位出版商注意到了他，說服他寫一本書，名字就叫《小孩賺錢的250個金點子》。這本書成了超級暢銷書，而12歲的戴瑞憑藉這本書一躍成了暢銷書作家。

「戴瑞成了電視上的常客，許多兒童節目邀請他去當嘉賓。他在電視上表現得落落大方，深受觀眾的歡迎，所以15歲時就有了自己的專屬節目，有了節目酬勞和廣告收入，他的財富像滾雪球一樣增加。17歲時，他就擁有好幾百萬美元了。」

錢錢用一個問題結束了牠的故事：「妳認為，在他獲得成功

的道路上，最關鍵、最重要的是哪個時刻？」

我被戴瑞的故事深深震撼了。我想說是他第一次登上電視的時候，但如果沒有寫成暢銷書，他就上不了電視；而如果沒有賺到很多錢，他也寫不出那本書⋯⋯

錢錢打斷了我的思考：「確實是這樣，其實在戴瑞集中精力、認真思考他知道什麼、能做什麼和擁有什麼的時候，他就已經開始邁向成功了。這足以讓一個孩子創造出比成年人更多的財富。因為大部分成年人一輩子都在關注他們不知道、做不到和沒有的東西。」

「嗯，這就是自信吧。」我終於明白了，「可是，不知道戴瑞的故事在我們這裡是不是也行得通，美國的小孩應該更容易做到這些事吧。」

這時錢錢用力吠了三聲。

我嚇壞了，牠以前從沒有這樣吠叫過。我趕緊環顧四周，看看有沒有危險，但什麼可疑的東西也沒發現。啊，我猛地意識到，是我自己又說了不該說的話。我氣得恨不得咬斷自己的舌頭。我又犯了絕不該再犯的錯誤，又在關注那些自己不在行的事情和沒有的東西了。雖然我不住在美國，但在這裡也一定有其他

的機會。

錢錢滿意地歡呼起來：「太棒了！現在我倆都該來片寵物餅乾。」

我趕緊把手伸進口袋，給了錢錢幾塊餅乾，牠風捲殘雲般吃光了。

忽然之間，我好像充滿了勇氣。我總會找到賺大錢的方法的。我輕輕撓了撓錢錢的脖子，牠相當享受，發出跟貓咪一樣的呼嚕聲。幾分鐘後，我們一起走回了家。

Chapter 4

堂哥的致富經

　　和錢錢聊完後，我腦子裡思緒萬千。我躺在床上默默地想，無論如何也要找到一個賺錢的辦法。但我該從哪裡開始，又該做些什麼呢？戴瑞的成就太令人驚嘆了，但也許他只是一個特例吧。而且，那是在美國，一切肯定都容易多了。他又很幸運，擁有開明的父母。另外，我的年紀可能還是太小了……

　　突然，我又想到了錢錢關於自信的說法。如果我更有自信一點，事情可能就會簡單多了。我差點又掉進昨天那樣的圈套裡了。於是我決定立即去寫成功日記。我很快就想到了兩項成果：

1. 我很會保守秘密。
2. 我被媽媽嘲笑了，但我沒有放棄。

　　過了一會，我又補充了四項成果。

在寫下這些的時候，我還想，自己身邊是不是也有像戴瑞那樣的人呢？要是能和他們聊一聊就好了。

我忽然想到了堂哥馬塞爾。他只比我大十個月，我們每年也只會見到一兩次面，但我知道他的錢包總是鼓鼓的。他實在是個討厭鬼，我從來無法和他玩在一起。但也許他能幫助我。雖然現在已經有點晚了，但想到這裡，我還是馬上打了電話給他，幸好他還沒睡。

還沒等他開口，我就一口氣說出了自己的願望：「嗨，馬塞爾，我是綺拉。我想跟你商量一件重要的事：我明年想去參加舊金山的交換生計劃，這需要很大一筆錢，但是我爸媽幫不上忙，我得自己賺。」

馬塞爾笑了：「沒有比這更簡單的事了。說真的，妳實在是嚇了我一跳，我一直以為妳就是個只對洋娃娃感興趣的傻妞，所以我才沒認真跟妳說過話，現在妳倒突然問起正經事了。」

我恨不得立刻掛斷電話。他真的是超級沒教養，像隻自以為是的癩蛤蟆！不過，我還是努力地控制好自己的情緒：「你還真沒禮貌。不過，你能不能告訴我，為什麼你從來都不缺錢？」

馬塞爾有些挑釁地回答：「我以為妳會掛了電話哇哇大哭

呢，看來妳還不是我想像中的那種可憐蟲。嘿，妳知道嗎，賺錢真的一點都不難。」

我才不會讓他知道，我花了多大力氣才忍住，沒讓眼淚掉下來。我停了停，繼續問道：「真的不難嗎？」

馬塞爾興致勃勃地說：「隨時隨地都可以賺到錢啊，妳只要到處看看就能發現機會。」

我覺得，戴瑞也會這麼說的。不過，我還是有點懷疑：「馬塞爾，我有很多朋友都想賺錢，但是都沒什麼辦法。」

「那是因為他們沒有好好尋找機會。也許他們太愛跟洋娃娃玩了吧。」馬塞爾答道。這下我真的生氣了，要是他膽敢再提一次洋娃娃，我就……

他還在自顧自地往下說：「綺拉，妳有沒有去找過工作？我是說，妳有沒有花過整整一個下午的時間來思考怎麼賺錢這件事？」

老實說，我花在這上面的時間從沒超過一小時。更準確地說，我總是很快就認定沒什麼辦法，然後想都不想了。

「妳看看，」馬塞爾繼續說，「所以妳才什麼機會都沒找到。一個不去尋找機會的人，頂多只能靠運氣加減施捨。告訴妳

我是怎麼賺錢的吧——我有一家自己的公司。」

「可是，你才 12 歲——和我一樣大！」我驚呼起來。

「是呀，但我的確有一家公司。我幫人送麵包，現在已經有 14 位客戶了。」

「你的公司還真是了不起！」這次輪到我發笑了，「你做的事情跟送報生沒兩樣，只不過是把報紙換成麵包。」

「洋娃娃腦袋。」馬塞爾嘀咕著，「根本不是妳想的那樣。我只在禮拜天送麵包，因為這一天的麵包比平時貴，而大多數人都不願意禮拜天開車出去買。所以，我就對他們說，我可以幫忙把麵包送到家。我們的麵包師傅人特別好，替我出了很多好點子。他按平時的價格把麵包賣給我，這樣每個麵包都能賺大約 10 歐分。每次給顧客送麵包，我就收取最高 75 歐分的費用。這樣我只要每個禮拜天工作兩三個小時，每個月就可以賺到 70 多歐元。」

「70 多歐元！天哪！」我激動地喊了出來。

「還有呢，」馬塞爾愈說愈起勁，「我每禮拜還在養老院工作三個下午。」

「在哪裡？」我有點不敢相信自己的耳朵。

「養老院。我幫老人購物，陪他們散步，有時也陪他們聊聊天，或者打打牌。養老院支付我每小時 5 歐元的報酬。這麼算下來，我每週可以賺 35 到 45 歐元，一個月就有至少 150 歐元。」

我按捺不住心裡的興奮，叫起來：「那加上送麵包每個月就有 200 多歐元了。真是太酷了！」想了一會，我又說：「但我家附近沒有養老院啊……」

「而且妳也不叫馬塞爾，妳只是個小妹妹。」他譏笑我，「不要總是想那些做不到的事情嘛，妳得多想想什麼能做到。」

又是這句話。我再次想起了戴瑞的故事，他就只關注他知道的、擁有的和能做到的事情。而我卻偏偏在想我家附近沒有養老院。這樣可不好。錢錢也再三地提醒過我了。

馬塞爾打斷了我的思緒：「妳最好先找出自己喜歡做的事情，然後再想想怎麼透過這些事來賺到錢。我就是這樣想到送麵包的點子的。我很喜歡騎腳踏車，現在正好可以邊騎車邊賺錢，這感覺真是太棒了，棒透了！另外，我每天都會去按幾戶人家的門鈴，問他們需不需要幫忙送麵包。我的目標是發展到 50 位客戶，那樣我每個月賺的錢就能超過 250 歐元了。」

我聽了他的話，心裡狠狠抽動了一下。但我又能找到什麼樣的機會呢？「我實在想不出自己能做什麼。」我嘆氣道。

　　「妳到底喜歡做什麼呢？」馬塞爾問。

　　「我喜歡游泳，還喜歡玩洋……」我趕緊改口，「還喜歡跟可愛的小狗玩。」

　　「這不就行了！」馬塞爾馬上接話，「妳就想想怎麼用這些賺錢呀。」

　　「用小狗賺錢？」我腦子裡一片空白，感覺自己像個傻瓜一樣。

　　「真是洋娃娃腦袋啊。」馬塞爾嚷嚷，「反正妳每天都必須和妳的狗一起去散步吧。」

　　「不是必須，我喜歡和錢錢散步。」我反駁道，「還有，不准再說我是洋娃娃腦袋！」

　　「妳看，這不就對了！」馬塞爾叫道，「妳遛錢錢時可以再多遛一隻狗啊，這不就能賺到錢了！」

　　我一下子激動起來：「這個主意真是太天才了！雖然你很討厭，但腦子還真聰明。」我趕緊道了謝，掛斷電話。得立刻開始制訂計劃了！

我幾乎認識附近的每一隻狗，小狗們也都認識我。我非常非常喜歡牠們。啊，現在我只要帶牠們散散步，就能賺到錢了……

我的腦子裡一下湧出來千百種想法。不久前我還認為，我們一家人都挺窮的，但自從我集中精力思考錢的問題以來，整個想法都已經改變了。我就是這樣「發現」馬塞爾的。看來，「集中精力做一件事」還真能發揮奇妙的作用呢！誰知道以後還會發生什麼呢？想到這裡，我又一次想起了戴瑞。

不知不覺間，我進入了夢鄉……

第二天在學校裡，我還在不斷地思考著我的賺錢計劃。我們那個街區有一隻名叫「拿破崙」的狗，是牧羊犬、羅威納犬和不知道哪個犬種的混種。牠的主人是一對老夫妻，老先生長得很像狼人，他因為輕微的腦中風，行動不太方便，所以最近都是他的妻子去遛狗。她看上去很不情願做這件事，狗也不聽她的話，總是趁她稍不留神就跑開。也許，那位女士根本不會和狗打交道吧。

我決定去找「狼人」先生和他的太太談一談，雖然我連他們的名字都不知道。

放學路上，我特意繞到了拿破崙家。走到門口時，我卻突然

失去了勇氣。我該說些什麼呢？該問他們要多少錢呢？可以直接開口要報酬嗎……我真想立刻逃走，但正趴在花園裡打瞌睡的拿破崙認出了我，一路跑到門口來了。

牠大聲汪汪叫了起來。老先生來到窗邊，想看看是誰來了。他看見我，便問我有什麼事。天哪，要是我現在不抓住這個機會，我就會永遠失去它！想到這裡，我鼓足了勇氣，大聲說：「我想參加去美國的交換生計劃，所以我需要錢，我想自己賺到這筆錢。我注意到，您的太太並不太喜歡牽著拿破崙去散步，所以我想，我可以每天幫你們遛狗。不知道您是否願意呢？」

說完這些話，我不敢直視那位老人，腦袋裡嗡嗡直響。

他卻很和善地邀請道：「我覺得這個主意很不錯。快進屋裡來，我們好好商量一下。」

他的妻子打開了門，我們在客廳裡坐下。我還是不敢看這位「狼人」先生，他看起來真的太嚴肅了。還好，他的妻子開口說話了：「妳知道嗎，每天我要帶拿破崙出去走三趟，這實在是太麻煩了。而且，路上要是碰到別的狗，我還常常拉不住牠。妳敢帶牠出去散步嗎？」

「拿破崙很喜歡和錢錢作伴，」我回答，「錢錢也會和我們

一起去的。我們可以試試看。」

「我看見過妳帶著小狗玩，」那位老先生插話說，「我想妳是最佳人選。」說完，他又對妻子說：「艾菈，放心吧。這位小妹妹有和小狗相處的天賦，我覺得她說不定能和小狗聊天呢。」

我差點忍不住笑出聲來，要是他知道……我小心地打量著老先生，他正和妻子說著話。靠近來看，他一點也不可怕，還有點神秘感，彷彿有過很傳奇的經歷。這讓他看起來既溫和友善又充滿智慧。

他又轉向我說道：「我們先互相認識一下吧。我們姓哈倫坎普，我叫瓦爾德瑪，她叫艾菈。」

「我叫綺拉，綺拉·克勞斯米勒。」我也介紹了自己。

「很高興認識你，小妹妹。」哈倫坎普先生非常有風度地向我點了點頭，繼續說，「我想給你個建議：每天下午帶著拿破崙去散步，幫牠刷刷毛，再教牠學學聽命令。」老先生停頓了一下，才問我，「那麼對於你提供的這份幫助，你想要多少酬勞呢？」

我的臉騰地一下紅透了，我還沒有仔細想過這個問題呢。他們滿懷期待地看著我，但我該怎麼說呢？「我也不知道。」我輕

聲說。

「那我給妳個意見吧，」老先生說，「每天一歐元，妳覺得怎麼樣？」

我默默地算了算，一個月就是 30 歐元，這可是我零用錢的三倍呢。老天，好多錢啊！但我的沉默引起了他們的誤解，他們還以為我對此不滿意，於是又補充道：「每教會拿破崙一個小本領，就額外再付 10 歐元。」

我一聽就趕緊回答：「太好了，我太開心了，你們人真好！」

他們也滿意地相互對視了一下，哈倫坎普太太滿是期待地說：「那好，今天下午就可以開始了吧？」

「當然啦。」我回答道。我趕緊和他們道了別，媽媽還在等著我吃午餐呢。

我歡天喜地地往家跑去，心裡像喝了蜜一樣甜。我內心歡呼著：賺錢真簡單啊！這下子，我感覺自己就像一匹歡快奔跑的小馬，不由得高興地哼起歌來。

一進家門，我就抱起錢錢，輕輕地撫摸牠。我悄悄在牠耳邊說：我馬上就要賺到很多錢了！牠伸出爪子向我道賀，我能看出來牠也很高興。

吃過午餐，我趕緊打電話給馬塞爾，告訴他我已經找到了第一份工作。「看，綺拉，妳做得到的。」他只說了這麼一句。我心裡空落落的，本來還以為他會誇獎我呢！不過，我突然發現，他第一次沒用「洋娃娃腦袋」來諷刺我，而是叫了我的名字綺拉。這是個好兆頭。

　　「不過，我得提醒妳注意兩件事，這兩件事都很重要。」馬塞爾說，「第一，妳不能光指望一份工作，因為它可能比你預想中更快結束，妳得抓緊時間接著去尋找下一個工作機會。」

　　我覺得他說得有點誇張，但還是決定聽他的。

　　「第二，妳工作時肯定不會一直四平八穩，肯定會時不時冒出一些現在難以預料的問題，到那時就能看出妳到底是個像洋娃娃一樣的膽小鬼，還是像我一樣，真有能力賺到很多錢。一帆風順的時候，人人都能賺到錢，但只有在遇上困難時，誰真的有能力才能見分曉。」

　　對於他的第二條建議，我不知道該怎麼回應。雖然如此，我還是禮貌地向他道了謝，然後帶著錢錢去找拿破崙。跟我預想的一樣，拿破崙是隻很可愛的小狗。能和錢錢一起玩耍，牠高興壞了。兩隻狗追趕著我帶來的球，玩得不亦樂乎。

不過，碰見別的狗時，拿破崙就不聽招呼了。我決定在接下來的幾天裡，先教牠聽懂「坐下」和「躺下」的指令，還要讓牠明白，當有別的狗路過時，牠得乖乖聽話。

　　等我們終於回到家時，姑姑埃爾娜正好來家裡作客。她住的地方離我們這裡只有 35 公里，但我們已經很久都沒見過她了。自從有了錢錢，她還沒來過我們家呢。

　　我們互相問候寒暄時，她的目光落在了我身邊的錢錢身上。媽媽見狀對她說，這隻狗是自己跑到我們家來的，直到現在也沒能找到牠原來的主人。姑姑非常認真地打量了牠一陣，眉頭皺了起來。我忽然有種不妙的感覺。

　　「這隻狗你們養了多久了？」她問道，眼睛一刻也沒從錢錢身上離開過。

　　「快九個月了。」媽媽回答說。

　　「那我可以告訴你們一個重要的消息，」姑姑的聲音嚴肅極了，「我應該知道這隻狗是誰的。」

　　「牠是我的！」我馬上喊道。

　　「不，牠是我家附近一位先生家的。」姑姑繼續堅持己見。

　　我心裡害怕極了。「牠現在屬於我們，牠已經和我們待在一

起這麼久了！」我不管不顧地大聲喊。

媽媽嚴厲地看著我：「不准對姑姑大吼大叫！妳的禮貌去哪裡了？」

我的腦袋嗡嗡作響，胃裡翻江倒海，心慌得怦怦直跳，眼前一陣天旋地轉。這時，我聽到了爸爸的聲音，好像是從很遠的地方傳來的：「那我們明天就帶著錢錢開車去找那位先生，解決這個問題。」

我不想再聽下去了。我衝出客廳，錢錢也跟著我跑了出來。一進自己的房間，我就砰地關上門，一頭栽到床上，好像失去了知覺一樣。但有一點我非常清楚：我絕對不會放棄錢錢。我們共同經歷了這麼多事情，我們要永遠待在一起，否則我寧願和牠一起逃走。

錢錢把頭靠在我的腿上，看著我。我根本不用聽牠說什麼，因為牠的眼神已經告訴了我一切：牠也永遠不會離開我。

Chapter 5

錢錢以前的主人

第二天，我根本不想去上學。我害怕等我回到家時，錢錢已經不在了。爸爸向我保證，會和我一起去找姑姑的那位鄰居。

莫妮卡現在已經習慣了我經常一言不發。第三節課時，我實在隱瞞不住自己的心事了，就告訴了她姑姑帶來的壞消息，莫妮卡一臉同情地看著我。

「如果妳想把錢錢藏起來，可以把牠送到我們家。」她熱心地建議。我大大鬆了一口氣，忽然覺得我一定能找到解決的辦法。

雖然如此，在去姑姑家的路上，我的心情還是很低落。我們和姑姑碰頭後，便一起去拜訪她的鄰居。很快地，我們來到一棟豪華的大別墅前，它坐落在一座風景優美的花園裡。一個守衛打開大門，我們慢慢把車開了進去。

「能住在這裡的，一定是非常非常有錢的人。」爸爸驚呆

了。

姑姑解釋說：「金先生在證券交易所賺了很大一筆錢。不過聽說前不久他出了場意外，我不知道他出院了沒。」

我摟緊了錢錢，心裡暗暗希望金先生能和他的別墅一起化作輕煙，消失得無影無蹤。

一位穿著白色圍裙的女傭替我們開了門，想必守衛已經通報了我們的來訪。我們下車後，姑姑向她說明了來意。很快，我們就見到了金先生。他個子不高，看上去十分和藹可親。我本以為我會厭惡他，但連我自己也不敢相信，我居然立刻喜歡上了他。他很聰明，馬上看出來我是錢錢最親近的人。

「妳都怎麼稱呼我們的小可愛呢？」他的聲音非常溫和。

我不知道該怎麼回答。我突然意識到，錢錢以前肯定還有別的名字。

「錢錢。」爸爸替我回答道。

「錢錢。不錯，非常好。」金先生聽了很高興，「我覺得比牠以前的名字還好。我建議，我們就繼續叫牠『錢錢』吧。」

我不知所措地看著他，他的語氣非常認真。我也覺得，「錢錢」這個名字要保留下來。

金先生把我們帶到客廳，告訴了我們事情的原委。原來，幾個月前，他開車帶著錢錢出門，在離我家幾公里的地方出了事故。當時他身受重傷，失去了意識，送到醫院裡才醒了過來。自那以後，他就再也沒見到過錢錢。他在醫院裡住了好幾個月，也請人去找過錢錢，但一直杳無音信。

　　「錢錢應該是想自己跑回家，但在路上被其他狗咬傷了，然後才爬到了我們家花園裡。」我告訴他我知道的有關錢錢的一切，包括那次溺水的經歷。當然，我沒有說出錢錢會說話的事實，雖然我認為金先生是可以信賴的，但誰都不能保證會發生什麼事……

　　金先生從沙發上站起身，向我走過來。我注意到他現在走路還不太方便，可能是車禍留下的後遺症。他握住我的手，感激地看著我說：「你找到了我最愛的寵物，我真高興。知道你把牠照顧得很好，我心裡的一塊大石頭終於落地了。」

　　我有些不好意思，紅著臉結結巴巴地說：「我也非常……非常喜歡錢錢。」

　　「我能感覺得到，我太高興了。」他對我說，「我還得接受很多治療，過一陣子還得再去復健醫院住上好幾個禮拜，要是妳

能夠繼續照顧我的……照顧錢錢的話，那真是幫了我的大忙。當然，一切費用都由我負擔。」

聽到這番話，我欣喜若狂，一顆心怦怦跳：錢錢可以留在我身邊啦！但我又有點為金先生難過，於是問道：「您一定非常想念錢錢，對嗎？」

「當然。」金先生輕輕嘆了口氣，「所以我還想請妳幫我一個忙：妳能每個禮拜帶著錢錢來醫院看我一次嗎？我的司機會負責接送你們。」

「非常願意。」我急忙說道。我的確非常願意幫他的忙，我愈來愈喜歡他了。

他又轉過身朝爸爸說：「我想把錢錢留在您家裡，讓綺拉每禮拜帶牠來看我一次，您同意嗎？當然，我會為你們付出的一切負擔所有費用——不管是之前的，還是以後的。」

爸爸輕聲推託了一番，說沒有必要付錢，金先生卻極力堅持。我驚訝地發現，他身上有種不言而喻的威嚴。不知為什麼，我現在已經開始盼望著能每個禮拜去見他一次了，他和我認識的其他人很不一樣。但目前，他看上去十分疲憊，很顯然地，他應付談話比我們看到的更吃力。

這時，姑姑開口說我們該告辭了，金先生感激地接受了她的提議。錢錢小心地把頭伸過去，在他腿上靠了一會。牠可能也感覺到金先生非常虛弱，便汪汪地大叫起來，女傭聽到叫聲，很快走了過來。我們向金先生告別後，跟著女傭走了出去。

　　下午兩點零九分，我們把姑姑送回家後，就直接開車回去了。趁爸爸在告訴媽媽今天發生的事情時，我牽著錢錢去了森林。我有太多問題要問牠了。

　　到了我們的秘密基地，我撥開入口處的樹枝，和錢錢一起爬過灌木叢裡的通道，來到中間的空地上。剛坐下，我就聽到了錢錢的聲音：「看到你和金先生相處得很好，我真開心。他是個非常優秀的人，我從他那裡學到了很多東西。」

　　我大吃一驚，原來錢錢也需要學習啊。不過也理應如此，牠肯定不是天生就這麼聰明的。

　　「快告訴我，為什麼你從來沒有提起過金先生？」我問。

　　「因為我們說過只談論錢的問題呀。」錢錢回答。

　　「但你一定也很想念他吧？」我有點疑惑。

　　「出車禍的時候，我還以為我親愛的主人已經死了。」錢錢解釋道，「他躺在血泊中，一動也不動。我也恍恍惚惚地，硬撐

著爬進一個灌木叢後就失去了知覺。我肯定是昏睡了很長一段時間，因為當我醒過來時，主人和他的汽車都已經不見了。我從沒想過我還能再見到他。」

我明白了。

錢錢繼續說：「現在，我們還是只談論錢，不談論其他的事情。要是妳有別的問題，下次等我們去探望我的主人時再問問他吧。」

但我現在一點也不想思考錢的問題，因為今天發生了這麼多令人激動的事情。我差點忍不住追問錢錢，牠究竟為什麼能說話。

錢錢用堅定的語氣說：「我們要幫妳爸媽解決債務問題。但在這之前，我們先來說說之前討論過的事情。妳的夢想相簿做得怎麼樣啦？」

我漲紅了臉：「已經開始做了，只是還沒找到合適的圖片。夢想存錢筒上也需要一些圖片。但是我把這些事徹底忘掉了。」

錢錢用責備的眼神看著我，不留情面地說：「妳努力去想像了嗎？妳的成功日記怎麼樣了？昨天有沒有做記錄呢？」

「昨天只顧著心煩，」我小聲說，「我好害怕失去你，根本

沒辦法集中精力做這些事。」

「我能理解。」錢錢回答說，「這正是很多不富裕的人會犯的錯誤。他們總是有很多十萬火急的事情要做，卻沒有時間考慮真正重要的問題。」

「這我不懂，」我對錢錢說，「還有什麼比把你留在我的身邊更加重要啊？」

「我說了，我能理解。」錢錢的聲音又響了起來，「可是，在妳姑姑來家裡之前，妳為什麼沒有做？這妳又該怎麼解釋呢？」

「我那時候太高興了。因為我只要帶拿破崙散步，就能賺到很多錢。」我回答。

錢錢嚴肅地看著我：「這樣的話，我還得告訴妳三件重要的事情：第一，即使遇到了困難和問題，也得執行自己的計劃。如果事情一切順利，誰都能完成任務，只有在出現真正的問題時，才能看得出孰強孰弱。只有少部分人能繼續堅定不移地貫徹他們的計劃。而那些特別富有的人，更是擅長在最困難的時候做出最漂亮的成績。」

我覺得這番話聽起來十分耳熟。是誰說過類似的話呢？對

了，是馬塞爾，這也是他給我的建議：「一帆風順的時候，人人都能賺到錢；但只有在遇上困難時，誰真的有能力才能見分曉。」我這才意識到，我還有那麼多的東西要學習。

錢錢讚許地向我點點頭：「困難和問題總是層出不窮，雖然如此，妳仍然要每天堅持下去，堅持去做對妳的未來意義重大的事情。它們最多花掉妳十分鐘的時間，但就是這十分鐘，能為妳帶來真正的改變。大多數人總是日復一日地停留在原地，就是因為他們沒有拿出這樣的十分鐘，他們總是期待周圍環境會為自己改變，卻忘記了首先應該改變的就是他們自己。」

錢錢停頓了一下，又繼續說：「這十分鐘時間就可以改變妳。妳要對自己鄭重做出承諾：從現在開始，堅持寫成功日記，堅持去設想妳美好的未來。不管發生什麼事，每天都要堅持下去。」

我舉起右手鄭重承諾：從現在開始，我一定每天寫成功日記，不斷地去設想我美好的未來。我一定要堅持下去。

「第二，」錢錢毫不客氣地說，「當一切進展順利時，妳也應該堅持下去。」

我愣愣地望著牠，不懂這句話到底是什麼意思。

「妳得到了照顧拿破崙的工作，只顧著歡天喜地，卻把妳該做的事忘到九霄雲外去了。妳看，總有千百種事情可能分散妳的注意力。所以，妳應該養成習慣，每天在固定的時間做這些事。」

我在心裡盤算起來：這可不是件容易的事情，晚上我會想睡，白天又總有一些有的沒的事情要做。那麼就只剩一大早了，看來我只能試著早起了……

「別忘了，只需要十分鐘喲。」錢錢又看透了我的心思。

我點頭答應了，雖然知道要堅持下去並不容易。我決定每天早起十分鐘，快速漱洗完，趁著頭腦清醒時寫成功日記。

「還有，」錢錢毫不留情地繼續說，「妳知道為什麼妳沒有去找那些圖片嗎？」接著，牠不等我回答，就自顧自地說：「因為妳沒有遵循 72 小時法則。」

「72 小時法則？」我跟著重複了一遍。

「很簡單。當你決定做一件事時，就必須在 72 小時內開始行動，否則就很有可能再也不會做了。」

我又陷入了沉思，難道這就是真正的癥結所在嗎？到目前為止，我在生活中計劃過很多事情，大多都沒有付諸實行，不過也

的確完成過一些事。錢錢很可能是對的。嗯，牠總是對的。

　　我決定以後一定要聽從牠的建議。一旦有了什麼計劃，我一定要在 72 小時內展開行動。

Chapter 6

債務：爸媽曾經犯的錯

　　突然，我想到了拿破崙。啊，該死，我竟然把牠忘得一乾二淨！

　　我向錢錢提議，還是先去哈倫坎普先生家把拿破崙牽出來。我們決定晚餐後再討論爸媽的債務問題，這個話題一定很有意思。不管怎麼說，幫家裡還清欠債，是我的三大夢想之一，而錢錢說過這並不難。我暗暗地想：「好傢伙，要是我能幫上家裡的忙，那就太了不起了。」我琢磨著，心裡樂得開出小花。

　　哈倫坎普先生已經在窗前等著我了。拿破崙一見到我，就興奮地朝我汪汪叫。我跟哈倫坎普先生打了個招呼，就牽著兩隻狗往森林走去。剛走進樹林，拿破崙就像被毒蜘蛛叮了一下似的，瘋狂地跑走了——牠看見了一隻小野兔，立刻一溜煙地追了過去。

　　我吹響口哨，叫牠回來。但拿破崙根本不聽，牠的眼裡只有

那隻小野兔。我們只好等著。我暗暗發誓，一定要先教會拿破崙聽從指令。

過了差不多五到十分鐘，牠終於跑了回來。接下來，我們一起訓練了半個下午。每當牠取得一點小小的進步，我就使勁誇獎牠，還給牠很多獎勵。錢錢也陪牠一起訓練，這對牠很有幫助，幾個小時之後，牠已經能好好完成「坐下」的指令了。

我把拿破崙牽了回去，跟老夫婦展示牠新學會的本事。哈倫坎普夫人簡直不敢相信，她激動地拍著手說：「我以為拿破崙根本學不會呢，沒想到牠能『坐』得這麼好。太不可思議了！」

老先生也滿意地笑了。畢竟是他決定讓我訓練拿破崙的，看到我沒讓他失望，他也很欣慰。他從褲子口袋裡拿出一張 10 歐元的鈔票，鄭重其事地遞給我。

我把錢接過來，覺得有點慚愧。我只是做了一點點小事，就得到了這麼多錢，更何況這份工作還帶給了我很多快樂呢。

老先生有些失望地看著我說：「我還以為妳賺到錢會很開心呢，但妳看起來並不快樂。」

「可是，這錢賺得實在是太容易了。」我有點不好意思地說。

他哈哈大笑起來，笑得臉都歪了，看起來有點嚇人。不過，他很快就平靜下來，微笑地看著我，又恢復了親切的樣子：「大多數人都認為工作是辛苦的，是一種負擔。其實，只有做自己真正喜歡的事情，才可能真正獲得成功。」

哈倫坎普先生見我一臉疑問，知道我沒有完全聽懂，就用期待的眼神看著我，好像等著我發問。

「我媽總是告訴我『工作第一，玩耍第二』，您說的和她講的完全不一樣啊。」

「在妳認識的人裡，有誰是靠著做自己感興趣的事情賺錢的嗎？」老先生問道。

我馬上想到了馬塞爾。他喜歡騎腳踏車，於是做起了派送麵包的生意。我把他的故事講給老先生聽，他讚許地點點頭：「他就是一個很好的例子，我認為他以後還會走得更遠、生意做得更大。等有機會的時候，我再跟妳說說我的故事。我從來只做自己感興趣的事情，而且從中獲得了豐厚的報酬。」

我好奇地望著這位老先生。他的臉上彷彿寫滿了傳奇冒險故事，他一定有著非常豐富又有趣的人生經歷吧。

時間不早了，我必須告辭了。媽媽在等著我回家吃飯，她準

備了我最愛吃的起司焗烤義大利麵，還有巧克力布丁當作飯後甜點。但我吃得有點心不在焉。畢竟，你要是在這麼短的時間內經歷了這麼多事情，一定也會跟我一樣。無論如何，有一點我很確信：對錢感興趣的人，會擁有更精彩繽紛的人生，也會結識非常有趣的朋友。

我很快做完了作業，隨後趕緊和錢錢去了我們的森林秘密基地。我迫不及待地想要學習一下，究竟怎樣才能幫助我的爸媽。

問題是，我幾乎不清楚爸媽具體的財務狀況，至少不瞭解其中的細節。我只知道他們有債務方面的麻煩，他們總是抱怨貸款的利息太高，快要付不起了。所以，我只能把我所知道的一切告訴錢錢。

「我以前的主人金先生擁有一家顧問公司，專門幫人解決財務方面的難題。」錢錢用意味深長的語氣講起牠的故事，「金先生本人只給非常富有的顧客提供諮詢，不過他的公司還有很多同事能為許多麻煩纏身的客人提供幫助。他經常帶我去公司，我四處閒逛的時候聽到過他們的談話。從根本上講，債務累累的人只要堅持四條重要的原則就能擺脫困境。這些原則非常簡單。」

錢錢深深吸了一口氣，繼續解釋：「這四條原則是：第一，

有債務的人，應該註銷所有的信用卡。」

「為什麼？」我吃驚地問。

「因為大多數人在使用信用卡支付時，花掉的錢會比使用現金支付時更多。」

我決定把這些建議用筆寫下來，否則我怕自己記不住。

錢錢繼續說：「第二條原則也許會讓人覺得有些奇怪：分期付款的時候，每個月要償還的金額要愈少愈好。分期付款的金額愈高，每個月留給日常生活的花費就愈少。」

「但為什麼爸媽的分期付款金額那麼高呢？」我心裡暗暗吃驚，因為我知道錢錢完全切中了要害——爸媽總是抱怨每個月要支付大筆的信用卡分期帳單。

「因為他們想儘早還清貸款，這樣就可以少付利息，」錢錢說，「設想一下，如果妳貸款 5,000 歐元，利息率是 6%，那麼妳一年光利息就得支付 300 歐元。另外，妳每年還得償還這 5,000 歐元（本金）中的一部分。假設妳每年必須償還 5,000 歐元的 1%，也就是 50 歐元，那麼，妳第一年要償還的貸款就是 300 歐元的利息加上 50 歐元的本金，一共 350 歐元。當然，妳已經結清的那部分貸款，以後就不需要再支付利息。」

我暗想：「那人們想儘快還清 5,000 歐元，也很有道理呀，因為支付的利息比本金還要多呢。」

　　「乍看是這樣沒錯，」錢錢順著我的念頭往下講，「如果每年償還本金的 1%，雖然需要支付的利息會逐年減少，但到貸款還清時，總共支付的利息仍然會是本金的大約三倍多。為了儘快還清 5,000 歐元的貸款，人們當然會選擇每年支付較高的分期付款。因此，很多人和銀行約定的分期付款金額會是自己所能承受的上限，這時手邊剩下的錢就會非常有限。而大多數人都會低估日常生活的成本，當需要添購新車，或是家裡有什麼東西壞掉需要更換時，他們就得去申請新的貸款來支付帳單。」

　　「你是說，他們會去申請新貸款來償還舊貸款？」我驚訝地問。

　　「沒錯。」錢錢回答道。看得出來，牠很高興我這麼快就領會了牠的意思。

　　「那我爸媽現在該怎麼做呢？」我問，「他們肯定不會聽我的話呀。」

　　「也許妳可以讓他們去找金先生談一談，金先生能輕鬆地幫他們解決這個難題。」

「也許我能幫助他們多賺點錢。」我興沖沖地補充道。

「妳當然應該這麼做。」錢錢說，「但首先，他們必須學會正確分配手頭擁有的錢，否則有了更多的錢只會帶來更大的麻煩，因為支出總是會隨著收入的增加而增加。我們要對錢進行合理分配，學會量入為出，這個問題我們晚點再談。」

錢錢的話讓我大受啟發，我在小筆記本上記下：

1. 註銷信用卡。
2. 在許可範圍內按最低的分期付款金額標準支付。再問問金先生，能不能幫幫我的爸媽。

錢錢耐心地等我做好筆記，然後說出了第三點：「第三條原則是針對消費性貸款，也就是那些和房產沒有關係的貸款。比如說，人們為了添購新車、傢俱、電視或其他日常生活中使用的商品而貸款。這時候貸款的人應該遵循五五分的原則，就是將扣除生活費後一半的錢存起來，另一半用來償還貸款。」

「但我奶奶總是說，我們應該快點還清債務。」我回憶道，「照這樣來看，應該要把所有生活費以外的錢都拿去還債啊。」

「那麼，當妳把債務還清的時候，能達成什麼目標呢？」錢錢問。

「爸媽總是說，到了那一天，他們就會感覺像卸下了千斤重擔。」我這樣跟錢錢解釋。

「是會有這樣的感覺。」錢錢附和說，「但事實上，當把債務全部還清時，他們只有一個孤零零的『零』，也就是一無所有。而一無所有可不是我們的目標呀。」

我又吃了一驚：「那目標應該是什麼呢？」

「去美國旅行，買筆記型電腦——這些才是目標。」錢錢耐心地說，「就算不把錢拿去花掉，能存下一筆也好呀。」

「如果不花掉錢，那存錢又有什麼意義呢？」我更疑惑了。

「這個問題過幾天再解釋給妳聽。」錢錢有點敷衍，「現在我們還是回到債務問題，妳的爸媽必須開始存錢。不必等到還清債務以後再存錢，而是要現在立刻開始存。唯有如此，他們才有能力在無須申請新貸款的前提下，滿足自己的消費欲望，那樣他們才能心安理得地享受生活。」

「你是說，他們也可以幫自己準備一個夢想存錢筒？」我提議道。

錢錢點點頭：「這個主意不壞。另外，在我看來，所有的消費性貸款都是不明智的。聰明人只會拿過去積存的財富用於支出。」

　　這對我來說太有用了，於是我又記下了：

3.　把扣除生活費後剩下一半的錢存起來，另外一半用於支付消費性貸款。最好不要申請消費性貸款。

　　「最後一條是，」錢錢的眼裡含著笑意，「背負債務的人應該在錢包上貼一個字條，上面寫著：『這真的有必要嗎？』這樣一來，在結帳前的最後時刻，他還能提醒自己不要花太多的錢。」

　　「所有沒有聰明狗狗的人，都需要這樣的忠告。」我大笑著說。錢錢愉快地搖著尾巴，甜甜地親吻我的臉。我輕輕地拍了拍牠，又記下第四條：

4.　這真的有必要嗎？

到目前為止，我已經努力學到了很多關於債務的知識，但要把這些教給爸媽，肯定會是一個更加艱鉅的任務。聽到錢錢提議讓金先生和爸媽談談財務問題，我真高興，但我和他還不太熟，只能繼續等待合適的時機。

　　但是有一點我很確定：我絕不會沒事去借錢。為了實現一個願望，我要提前開始存錢。我永遠也不要陷入我爸媽那樣的困境。

Chapter 7

拜訪金先生

接下來的幾天過得飛快。我終於又能專心上課了。每天放學後，我照常繼續訓練拿破崙。上一個週末，哈倫坎普先生一共付給了我 7 歐元，也就是每天 1 歐元。另外，他又額外給了我 30 歐元，因為我教會了拿破崙三個本領——牠已經學會了「坐下」、「躺下」和「握手」。

我驕傲地清點著自己賺來的錢：整整 37 歐元！可真不少啊。現在，我不再感到愧疚了，而是安心地享受著自己的勞動所得，因為哈倫坎普一家和拿破崙的相處真的輕鬆了太多了。

他們對我也十分滿意，甚至問我願不願意早上多幫他們遛一次狗。當然，他們也會每天再多支付給我 1 歐元。我徵求了爸媽的意見，他們同意了。

錢錢說過，對於如何管理這筆收入，牠有個絕妙的主意。於是，我小心翼翼地把錢夾在了一個舊作業本裡。

不過，有一件事比賺到這麼多錢更令我激動：今天，金先生的司機要來接我和錢錢了。我已經迫不及待了，我多想能深入瞭解一下這位富有的先生呀。

　　下午三點一刻，門鈴準時響起。讓我吃驚的是，原來司機是位中年女士。她一見到我，便露出和善的笑容。我們一起上了一輛勞斯萊斯。我對她說，我還以為司機都是男人呢。她一聽就笑了，說：「金先生不是個平凡人，做事也總是不同凡響。他不在乎別人做什麼，他只做自己認為正確的事情。」

　　司機的話激起了我的好奇心，她好像看透了我的心思，繼續說道：「有一次，我和朋友聊天時說起我失業了，恰巧被金先生聽見了。他以前並不認識我，卻直接問我會不會開車。我說當然會啦。於是他爽快地說：『那好，我正在找司機呢，如果您願意，立刻就能得到這份工作。』就這樣，他也沒讓我試駕一下，就把這份工作給了我。他看人的眼光總是很準，全憑自己的直覺，那是他內心的聲音，或者說『第六感』。」

　　金先生果然不同凡響。我又問司機：「您開這麼大一輛汽車，不會害怕嗎？」

　　「妳知道嗎，」她自顧自地繼續說，「是金先生教會了我如

何建立自信。所有和他一起工作的人，都得寫成功日記。」

「我也有寫耶。」我興奮地大聲嚷嚷道。這下輪到司機大吃一驚了。我驕傲地撫摸著錢錢，牠飛快地舔了一下我的臉。我暗暗想著，無論如何也得讓牠改掉這個壞習慣。

我們終於到了療養院。我一向不喜歡醫院，不過這裡看起來更像一個奢華的度假酒店。也許這就是有錢的好處之一吧。司機把我們帶到了金先生的房間。他正坐在沙發上，看起來心情好極了。錢錢立刻搖著尾巴跑向他，湊上去舔他的臉。

「牠對我也這樣。」我開口說，「我正打算幫牠改掉這個壞習慣。」

「很高興妳能來。」金先生對我表示了歡迎。

「我也一直盼望著跟您見面！」我說。我心底確實是這麼想的，雖然壓根說不清到底是為什麼。也許是因為我希望能搞清楚，為什麼錢錢會說話吧。

金先生小心地逗著錢錢玩了一下子。看得出來，一旦動作幅度大一點，他的傷口就會痛。不過，錢錢為他帶來的歡樂顯然超過了痛苦。

過了一會，他又看著我，說想知道關於錢錢的一切近況。我

告訴了他錢錢都吃些什麼，我們多久外出散一次步，等等。連錢錢幫我訓練拿破崙的事情，我也一五一十說給他聽了。

金先生滿意地點點頭：「第一次見到妳的時候，我就知道妳很擅長照顧小動物。妳應該為此感到自豪。」

「明天一早，我一定把您的話寫進我的成功日記裡。」我脫口而出。

金先生驚訝地看著我：「妳也在寫成功日記？妳是怎麼想到要這樣做的？」

我的臉一下子漲得通紅。我該怎麼跟他解釋呢？我可不能洩露秘密，不能告訴他錢錢不但會說話，而且教會了我許多知識。

他感覺到了我的窘迫，立刻收起疑問的表情，對我說：「我們也可以不談這個話題。」

「不，不，」我立刻決定對他實話實說，「我只是不能告訴您，這是誰幫我出的主意。」

令我吃驚的是，金先生沒有繼續追問下去，而是表示了理解：「我也有自己的秘密，所以和我說話的人當然也可以有自己的秘密。」

他的這番話讓我心裡暢快極了。顯然，這位富有的先生很尊

重我。

　　不過，金先生卻若有所思地看著我說：「我總感覺妳和大多數小孩很不一樣，可又說不上來到底哪裡不一樣。妳能告訴我嗎？」

　　我思考了片刻。在遇見錢錢之前，對於這個問題我可能根本無話可說，因為那時的我真是再「正常」不過了。而現在，很多事情都不一樣了。於是，我回答道：「我思考的問題不一樣。我想賺很多錢，因為我想去加州，還想買一臺筆記型電腦。」我告訴了金先生我的十大願望清單，我的夢想存錢筒和夢想相簿，我第一個禮拜訓練拿破崙賺了多少錢，甚至還有爸媽面臨的財務危機，以及堂哥馬塞爾賺錢的經歷。

　　金先生很善於傾聽，他全神貫注地聽我說完後，向我祝賀道：「綺拉，我很高興妳對我說了這一切。我很肯定，妳一定能實現你的目標。妳現在需要做的，就是避免任何人動搖妳的決心。」

　　「我媽已經嘲笑過我了。」我打斷了他，向他說了媽媽發現夢想存錢筒時的情形。

　　「以後還會有各種各樣的人嘲笑妳，但也會有更多的人認可

妳。」金先生安慰我說，「不過我想，妳媽媽並沒有惡意，她也許只是覺得妳的想法太瘋狂、太不切實際了。但是，瘋狂的目標也不見得就比普通的、微小的目標更難實現。如果妳樹立了遠大的目標，那毫無疑問，妳就必須為此付出極大的努力。」

這時，錢錢跑到了花園裡，在灌木叢裡跳來跳去。

過了一會，這位富有的先生繼續說：「有件重要的事還沒說呢：妳照顧了錢錢這麼長時間，我非常樂意為此支付酬勞。」

「錢錢的食物是我爸媽出錢買的，不是我。再說，我也非常喜歡錢錢。」我回答。

「別這樣說，」金先生仍然固執己見，「我開張支票給妳吧，請妳轉交給爸媽。還有，妳再帶他們一起來找我吧，或許，我可以和他們聊聊他們的財務狀況。」

他竟然主動提出了這個建議，這真讓我如釋重負，因為我已經翻來覆去想了很久，卻一直不知道該怎麼開口，請他為爸媽出些主意。

金先生接著又說：「當然，妳也應該獲得回報，這是理所應該的……讓我算一算……妳照顧錢錢很長時間了，已經一年多了。不如我算每天 5 歐元給妳，妳覺得怎麼樣？」

我很不高興，怒不可遏地說：「我很願意照顧錢錢，是因為我一見到牠就非常喜歡牠，可不是為了賺什麼錢。」

　　金先生笑了，但我覺得他並不是在嘲笑我。他向我解釋說：「綺拉，很多人都是這麼想的，我以前也是。妳能告訴我一個理由嗎？為什麼妳做了喜歡的事情，就不應該獲得金錢上的回報呢？」

　　這話實在是太耳熟了。對了，馬塞爾和哈倫坎普先生都說過。雖然如此，我還是覺得不能坦然接受。

　　「我想跟妳說的是，」金先生繼續說，「就是因為妳喜歡錢錢，我才願意每天付 5 歐元給妳，因為我確信妳會一直好好照顧牠。正因為真心付出了，妳的『工作』才有價值。」

　　我並沒有完全被他說服，但還是忍不住在心裡算了算一年能得到多少錢……

　　我有個不好的習慣，每當心算時，總是忍不住瞇起眼睛，輕輕地搖頭。金先生好像看穿了我的心思，放聲笑了起來。

　　笑完，他鄭重其事地對我說：「對的，這是很大一筆錢。希望妳能答應我一個條件：把其中的一半存起來。」

　　「我要全部存起來！」我歡呼道，「我最想做的，就是明年

夏天去舊金山！」

「我說的『存錢』不是這個意思，」他不太贊同，「因為妳還是會把錢花出去。這沒什麼不對，賺錢就是為了花掉嘛。除此之外，如果妳想變得富有，妳同時還要存下一筆錢，一筆絕不會再花出去的錢。」

「要是不能花這筆錢，那我存它幹嘛呢？」我聽不太懂。

「讓它成為妳的生活來源。」金先生解釋說，「我講個故事給妳聽吧。」

我最喜歡聽故事了，於是趕緊端端正正坐好。這時，錢錢也回來了，在我們旁邊趴了下來。看起來，牠也對我們討論的話題非常感興趣。

「從前，有一位年輕的農夫，他每天早上都會從鵝棚裡拿一顆鵝蛋做早餐。有一天，他在鵝棚裡發現了一個金蛋。當然，一開始他也不敢相信這是真的，還以為是有人在對他惡作劇。為了慎重起見，他拿著這顆金蛋去找金匠鑑識。金匠告訴他，這的的確確是一顆純金的蛋。於是，農夫就賣掉了金蛋，還舉辦了一場盛大的慶祝宴會。

「第二天一早，他比平時更早來到鵝棚，果然，那裡又出現

了一顆金蛋。而且之後好幾天都是如此。不過，這個農夫是個貪心的人。他對著鵝大發脾氣，罵『這隻蠢貨』為什麼不能告訴他怎麼才能生出金蛋，要不然，他自己說不定也能弄出金蛋來。他怒氣沖天地想，為什麼這隻大懶鵝不能一天生兩顆金蛋呢？鵝現在下蛋的速度實在太慢了。最後，他按捺不住自己的怒火，衝進鵝棚，把那隻大白鵝宰了。從這以後，他一顆金蛋也沒有了。這個故事告訴我們什麼呢？——不要殺死你的『鵝』。」

金先生講完故事，把身體往後一靠，等著我的反應。

我被這個故事深深吸引住了，忍不住喊道：「這個人真是太蠢了！這下，他一個金蛋也得不到了。」

金先生顯然很滿意我的回答。錢錢也輕輕地搖了搖尾巴。「我想妳不會像他那樣做的，對嗎？」這位富有的先生問我。

「當然不會啦，」我很肯定地回答，「我才不是傻瓜。」

「那我再說說這個故事有什麼寓意。」金先生放慢了語速，「『鵝』代表著妳的金錢。如果你把照顧錢錢的這筆收入存起來，就能得到利息，利息就相當於金蛋。」

我不確定自己是不是聽懂了他的話，但他繼續說了下去：「大多數人出生時都沒能擁有『鵝』，也就是說，他們的錢不足

以讓他們依靠利息生活⋯⋯」

「要靠利息生活，得有很多很多的錢才行吧。」我這樣想著，打斷了金先生的話。

「其實啊，需要的錢可能比妳想像的要少很多。」金先生回答，「如果妳有 15,000 歐元，能獲得 10% 的年利息的話，那每年就能賺到 1,500 歐元。」

「哇喔！」我激動地叫出聲來，「那平均下來，每個月就是 125 歐元，而原來的 15,000 歐元還存在那裡，完全沒被動到。」

「是啊，」金先生立刻附和道，「這 15,000 歐元就是妳的『鵝』，我想妳一定不會想殺掉牠的。」

我太喜歡這個想法了，但還是有點顧慮：「如果現在就開始為了我的『鵝』存錢，那我去加州的日子就得延後很久了。」

金先生點點頭說：「所以，妳必須做出選擇。妳可以急急忙忙花掉每一筆錢，一存夠 1,500 歐元就飛去加州，但這樣一來，就等於殺死了妳的『小鵝』；你也可以選擇存下一部分錢，等過了一段時間，光靠利息就能一年去一次加州了。」

我覺得很有道理，但我還是希望明年夏天就去加州。當然，

我也想擁有一隻那樣的「鵝」。怎麼才能兩全其美呢？我嘆了口氣，說：「一邊是能生金蛋的『鵝』，一邊是我的願望，要在它們之間做取捨，實在是太難了。」

「妳完全沒必要將將兩件事對立來看，它們不衝突啊。」金先生笑著說，「比如，妳賺了 5 歐元，那麼妳可以把這筆錢分配一下，其中的大部分存進銀行，一部分放進妳的夢想存錢筒，剩下的當作零用錢。」

是啊，這的確是個辦法。於是，我立刻開始考慮怎樣分配這 5 歐元才最合適。這也不容易啊。

「到底該怎麼分配呢？」我忍不住請教眼前這位富有的先生。

他馬上回答說：「這得根據妳的目標來決定。如果妳能一直為『鵝』存下 10% 的錢，那妳遲早會變得富有。但如果妳希望有一天真的擁有很多很多錢，妳存的比例可能得再高一點。我自己的習慣是，不論賺到多少錢，都為我的『鵝』存下收入的 50%。」

我決心把金先生當成我的榜樣。我喜歡他這樣的生活，而且他看起來總是心情豁達，雖然他的傷口有時候肯定很痛。於是，

我堅定地說：「我知道要怎麼分配我的錢了：為『鵝』存下一半的錢，為夢想存錢筒存下 40%，剩下的 10% 用於開銷。」

金先生看著我，露出了讚許的神情。我也對自己的決定得意極了。不過，我還有一點疑問：「如果存下收入的 10% 就能變得富有，那為什麼還有那麼多人為錢煩惱呢？」

「那是因為他們從來就沒有想過這個問題。」他向我解釋說，「我們最好從很小的時候就開始存錢，很快，這自然而然就會變成一種習慣。妳也最好趕快行動，下個禮拜就去銀行開個帳戶。下一次見面時，我會教妳能用帳戶做些什麼，再開一張可以兌現的支票給妳。不過，現在你們該回家了，快到吃晚餐的時間了，我也有點累了。」

看得出來，金先生的疼痛加劇了。我著實佩服他能始終保持著好心情，那麼耐心地為我解釋這些。但我還是忍不住問他，為什麼一點都不提自己的傷痛。

金先生說：「我愈是關注自己身上的傷痛，疼痛就會愈劇烈。談論傷痛，就像在傷口上再撒上一把鹽。所以，從很多年以前，我就不再抱怨了。」

我誠懇地感謝他給我的種種建議，還告訴他，我為自己感到

驕傲，然後向他道別。分別的時候，金先生摸了摸錢錢。然後，那位和藹可親的女司機把我們送回了家。

Chapter 8

特倫夫太太的邀請

　　一回到家，我立即衝進自己的房間，真不想等到明天早上再去寫成功日記了！我一口氣寫下：

1.　我很快就聽懂了金先生講給我聽的事情。

2.　我做了個很棒的決定：要把所有賺到的錢的一半存下來。

3.　我將擁有一隻「鵝」。我現在明白了富有意味著什麼。

4.　我平生第一次坐上了勞斯萊斯汽車。

5.　我上周賺到了 37 歐元。（為我的「鵝」存下其中的 18.5 歐元；存進 2 個夢想存錢筒共 14.8 歐元，也就是每個存錢筒 7.4 歐元；3.7 歐元當作零用錢。）

6.　金先生誇獎了我。

7.　我下周會得到照顧錢錢的報酬。413 天，每天 5 歐元，一共是 2,065 歐元。簡直不可思議！

我雖然還是不能完全確定，寫下的這些是否都算「成果」，但記錄這些事情的感覺真是好極了。我很自豪，也愈來愈自信了。我決定在吃晚餐時，試著和爸媽聊一聊他們的債務問題，就在一張紙條上寫下了應對債務的四條建議，把它塞進口袋裡，離開了房間。

　　等大家在飯桌邊坐下，我興奮地拿出了金先生開給爸媽的支票。爸爸把支票接過去，看了看金額，吃驚地大叫起來：「整整1,000歐元！這是怎麼來的？」

　　「這是用來支付這段時間我們幫錢錢買的食物。」我解釋說。

　　「真不知道我們該不該接受這筆錢，」媽媽說，「說到底，我們一直把錢錢當自己的狗來養。」

　　「但這筆錢的確能夠派上用場啊。」爸爸嘟囔著說，「我們還有一筆貸款沒還清呢，1,000歐元總能幫上一點忙。」

　　「如果是我，我會拿500歐元去還貸款，剩下的500歐元存起來。」我忍不住說。

　　爸媽放下了手中的刀叉，死死地盯著我。那神情，就像看見我把一整碗湯打翻到了地上。

「妳看，」爸爸的話裡帶著譏諷，「我們的女兒剛坐過一次勞斯萊斯，現在儼然就是一個金融天才了。蘇珊娜，真不知道我們家綺拉現在和這樣的人打交道到底好不好。」

　　我非常生氣，伸著脖子嚷道：「用最少的還款金額償還貸款，才是明智的做法！」

　　「那當然，這樣我們就可以花一輩子付利息囉。」爸爸針鋒相對。

　　我緊咬嘴唇，怎麼也想不起來錢錢是怎麼解釋給我聽的了。我只記得牠說過，很多人為了償還舊的貸款，不得不去申請新的貸款。我暗暗地想著：「還是等以後再和他們說吧，到那時，我從美國回來了，還養肥了一隻『大鵝』。」

　　「小孩子哪懂什麼錢。」爸爸嘀咕著。

　　我實在按捺不住，霍地站起來，說：「有個叫戴瑞的美國小孩，17 歲就賺了幾百萬美元。你還賺不了這麼多呢。有一天，我也會變得非常有錢的！」

　　「也許他的錢是繼承來的呢。」爸爸猜測。

　　「是他自己賺的，就像我也會自己賺錢一樣。」我激動地說。

媽媽憂心忡忡地看著我：「綺拉，別說這種大話。我們可不是賺大錢的人哪。還有，金錢會帶給人不幸，知足才能常樂。別忘了：不是含著金湯匙出生的人，就別癡心妄想了。」

　　我不相信。金先生看起來非常幸福，倒是爸媽常常愁眉苦臉。我的直覺告訴我，沒有錢才更不幸呢。但我忍住了，沒再吭聲，靜靜地吃完了晚餐。

　　晚餐後，我可沒有興趣繼續待在家裡，就打了電話給莫妮卡，想約她碰面。她還沒吃晚餐呢，我們就約好一個小時後再見。趁著這段時間，我打算自己出去散散步，就往哈倫坎普先生家走去，順便和拿破崙打個招呼。

　　哈倫坎普先生看見了我，把我叫進屋，問道：「妳還有時間再照顧一隻狗嗎？」

　　「當然有啦。」我毫不猶豫地回答。

　　「是這樣，今天早上我和特倫夫太太聊天，」哈倫坎普先生神秘兮兮地繼續說，「這位太太養了隻高大的德國牧羊犬，叫畢安卡。她很想出去旅行兩個禮拜，但不知道該怎麼安置畢安卡。正好她聽說妳把拿破崙訓練得很好，就請我來問問妳。妳最好馬上去她家，直接和她談談。」

我認識特倫夫太太。她很愛說話，每次路過她家，她總想和我搭話聊天，但我和錢錢總是飛快地跑開，因為她家的房子看起來太像女巫的小屋了。

我還沒走到特倫夫太太家，就看見她已經迎門而出，應該是哈倫坎普先生給她打了電話，告訴她我要過來吧。我們一起進了屋——屋裡真是一團亂糟糟！我立刻不覺得拘束了。到處都是剪報和書本，牆上掛滿了畫著奇怪曲線的表格，還有兩臺電視機同時開著。

特倫夫太太注意到我在四處打量，解釋說：「我喜歡看金融書籍和雜誌，這算是我的一個業餘愛好。我丈夫去世時，留下了一大筆錢給我，我不知道該拿這些錢做什麼。就是從那個時候起，我開始學習投資理財。這真是一件非常激勵人心的事情，財富的增加速度超出了我的想像。」

這是我第一次希望特倫夫太太再多說點什麼，但她可能以為我對這個話題沒什麼興趣。

於是，我們開始說起畢安卡。這位老太太好幾年前就想出門度假，但一直沒能找到人幫忙照顧畢安卡。牧羊犬畢安卡雖然性情溫馴，卻異常高大，滿身濃密的毛髮看起來也有些嚇人。也許

很多人都害怕牠吧，所以當我表示我有興趣時，特倫夫太太很是感激。她提出，飼料都由她來購買，她每天付我 5 歐元的報酬。我當然一口答應，但還得徵求一下爸媽的意見，畢竟畢安卡得和我們一起住上兩個禮拜。

隨後，我便告辭了。和莫妮卡約好的時間到了，我有好多話想對她說。我告訴她我賺到了錢，講了金先生的故事給她聽，還說了我會如何分配和安排我的收入。

莫妮卡既吃驚又佩服：「妳是怎麼做到的，真了不起！」她稍微想了一下，又說：「如果妳事情太多，可以找我幫忙。我可以幫妳分擔。」

我忍不住笑了起來。莫妮卡的爸媽都很有錢，所以她總是穿著漂亮的衣服。現在她竟然想幫我的忙，這真是太滑稽了。

天快要黑了，我準備回家了，我想儘快和爸媽說說畢安卡的事情。爸爸一開始不太樂意，他擔心我會沒有時間專心唸書。但這一次，媽媽站在了我這邊。

剛說完，電話鈴響了。媽媽拿起電話，有些詫異地叫住我：「馬塞爾找妳。」馬塞爾從來沒打打過電話給我呢。

沒想到，這次我們兩個竟然有聊不完的話題。我說了我的收

入和我的新工作，還告訴他金先生教會了我如何分配賺來的錢。

「啊，現在我可以說，」馬塞爾在電話那頭興致勃勃地說，「妳再也不是洋娃娃腦袋了。這個分配錢的主意真是不錯，我怎麼就沒想到呢，我把所有的錢都放在銀行帳戶裡了。」

「我也得開個銀行帳戶，」我自言自語說，「金先生要開支票給我。但我該怎麼做呢？」

「要是妳願意，明天我可以過去幫妳。」馬塞爾提議。我有點不敢相信自己的耳朵，馬塞爾總是一副拒人千里之外的樣子，沒想到他竟會主動提出要幫我。說起來，他家離我家只有 7 公里，但他從沒來看過我，即使他爸媽來我們家串門子，他也寧願自己在家裡待著。

「你要來找我？」我仍然不敢相信，「前不久你還老是躲著我呢。」

「那是因為我只願意和我佩服的人打交道。」他若無其事地說，「這是妳第一次讓我感到佩服。」

我真是驕傲極了！

「我已經有好幾個員工了，」馬塞爾說話真像個大人，「一些鄰居家的小孩也在幫我送麵包，因為我現有的客戶已經超過

50 個人了，我自己一個人根本忙不過來。」

我又想起了莫妮卡，她說過想幫我的忙。眼下我得照顧錢錢、拿破崙和畢安卡，肯定有用得著她的地方。

我掛斷了電話，期待著明天和馬塞爾見面。我幫錢錢梳了梳毛，牠最喜歡這樣了。然後，我爬上床，很快進入了夢鄉。

半夜時分，我做了個噩夢，一身冷汗地醒了過來。我夢見一群凶巴巴的人追著我跑，想要殺死錢錢；莫妮卡和馬塞爾也出現在夢裡，他們想幫忙卻使不上勁。我嚇得有好半天都在渾身發抖，錢錢也好像覺察到了什麼，跳到床上舔著我的手。我緊緊地摟住牠。這樣的夢可不是什麼好兆頭。明天一定要小心行事呀，想著想著，我終於再次進入了夢鄉。

Chapter 9

冒險開始了

　　第二天一大早，我就感覺不對勁。天氣糟透了，昨天晚上的噩夢也讓我精疲力竭。爸爸起床晚了，還占著廁所沒出來。我不想浪費時間，便去拿成功日記，沒想到本子居然不在老地方。我狠狠地盯著錢錢，牠卻裝出一副毫不知情的樣子。

　　「好啊，」我心想，「你這個壞蛋！我就知道一定是你，快還給我！」

　　錢錢卻想捉弄我，才不會輕易放過我呢。牠朝門廳撒腿就跑，原來牠把日記藏在了哪裡呀。牠找出筆記本叼在嘴裡，挑釁般地看向我。我試圖去追牠，把日記搶過來，但錢錢的速度太快了，我朝牠奮力一躍，牠靈巧地閃身躲開了。砰的一聲，我結結實實地摔在了爸爸用火柴搭建的輪船模型半成品上。巨大的聲響引來了爸媽。爸爸一看清楚發生了什麼事，就瘋了一樣大聲咆哮道：「四個月的心血呀，全被妳給毀了！」完了，火柴模型已經

支離破碎了。我心裡難過極了，但我真的不是故意的。我不由想起了昨晚的噩夢。今天這頭開得可真「好」啊。

接著，我沒趕上校車，上學又遲到了。

放學後，我吃過飯就去接拿破崙。我對哈倫坎普夫婦說，今天要晚一點送拿破崙回家，他們同意了。下午三點鐘，馬塞爾過來了。我同時也約了莫妮卡，這樣，她就可以在我和馬塞爾說話的時候，幫忙照顧這些小狗。

然後，我和馬塞爾一起去特倫夫太太家接畢安卡。她把我們請進客廳，仔仔細細地告訴我該怎樣照顧她心愛的寵物。我們說話時，馬塞爾在房間裡東看看、西看看。他一張張地看了掛在牆上的圖表，然後吹了一聲口哨，表示讚嘆。

「您投資股票。」他非常專業地判斷道。

特倫夫太太驚奇地看著我的堂哥，問：「你會看股票走勢圖？」

「不不，我爸爸經常投資股票，我偶爾也跟著學了一些。他總是說，沒有什麼比股市更能賺錢了，但這事對我來說太複雜了，工作量也太大。」馬塞爾回答。

「你說得沒錯。買賣股票可沒那麼容易，每天少說也得花上

一兩個小時，所以得真正喜歡才行。」老太太笑著說，「當然了，也可以請人代勞，這樣事情就簡單多了，而我們照樣可以獲得報酬。」

馬塞爾立刻來了精神：「聽起來很不錯，但究竟該怎麼做呢？」

「我很樂意仔細講給你聽聽，」特倫夫太太告訴他，「只是這需要一些時間，而我的飛機幾個小時之後就要起飛了。所以，我提議，等我度假回來再好好解釋。」

「我也非常感興趣。」我趕緊說。

特倫夫太太又想起了些別的事情，她說：「綺拉，我不在家時，妳能幫我養的植物澆兩三次水嗎？」我點點頭，表示樂意效勞。隨後我們和特倫夫太太告了別，把畢安卡帶回了家。

然後，我和馬塞爾來到了儲蓄銀行，我激動得心怦怦直跳。我馬上就要擁有自己的第一個帳戶了！雖說我有一個存摺，爺爺奶奶會時不時往裡面存點錢，但那和一個真正屬於自己的帳戶完全是兩碼子事。跨進銀行大門的瞬間，我就感覺自己已經是個大人了。銀行裡一片忙碌的景象，有很多人在排隊，我正打算排在最短的隊伍後面時，馬塞爾一把拉住了我：「等等，妳得先選個

可靠的銀行顧問。」

「我怎麼知道誰比較好呢？」我愣住了。

馬塞爾笑道：「找個和妳最合得來的人。妳仔細瞧瞧，也許會發現有人看起來特別親切。」

我走到隊伍前面去，一個個看了看正在工作的銀行職員，他們大多數看起來都不開心，無精打采的，其中一位顯得特別匆忙緊張——我還真是有點害怕他。終於，我發現了一位和我媽媽年紀相仿的女士，她看起來非常友好，我立刻喜歡上了她。

「那我們可得慢慢等囉。」看著她面前長長的隊伍，馬塞爾趕緊幫我打預防針。

「等待是世界上最愚蠢的事情，」馬塞爾又說，「我們得想想怎麼才能不浪費時間。」

我們想到了一個主意，我可以趁這段時間聊一聊我打算如何分配我的錢。當然，我還講了「鵝與金蛋」的故事給他聽。

「比我想像的還酷！」馬塞爾興奮地大聲說，「太對了！如果我只知道花光錢，就永遠不能擁有我的『鵝』；如果沒有『鵝』，那我就得一直為了賺錢而工作；如果有了『鵝』，就可以讓錢自動為我工作了。」

「你說得真好，」我答道，「金先生就是這樣，他讓錢為自己工作。你想想看，出車禍之後他有多長時間都沒辦法工作了，可他還是能毫不費力地支付各種帳單。我爸爸卻老是說，只要兩個月不賺錢，一切就全完了，就是說，那樣的話，我們就得賣掉房子了。」

「是啊，金先生能過上這樣的好生活，完全是因為他養了一隻『大肥鵝』，妳爸卻連根鵝毛也沒有。」

我們你一句我一句地聊起來，時間一晃就過去了。輪到了我們時，那位和善的顧問女士問我們有什麼需求。

「我想幫我的『鵝』開一個帳戶。」我說。

「幫誰開帳戶？」她驚呆了。

馬塞爾放聲大笑，我真恨不得打他一拳，但很快也被他的笑聲感染了。等他笑完後，我們互相自我介紹一番，原來這位女士名叫海娜。隨後，她問我為什麼要幫一隻「鵝」開設銀行帳戶。我只好又講了一遍「鵝與金蛋」的故事，這次講得非常熟練。

海娜女士聽得津津有味，聽完她激動地說：「我聽過不少教導孩子如何對待金錢的故事，但這是最好聽的一個。」她想了想，又說：「也許這個故事同樣適合成年人。不管怎麼樣，我會

盡我所能支持妳。」

於是，她幫我開設了一個免費的帳戶，也就是說，銀行為我提供所有與帳戶相關的服務，而我一分錢也不用付。這真是最好不過了。

更令我吃驚的是，原來開設帳戶是這麼簡單。我只需要出示我的護照，等海娜女士填好一張表後，我或我的監護人簽上名字就可以了，甚至不需要馬塞爾幫忙。但他能陪我來也不錯，我們在一起很開心。

隨後，我鄭重地從口袋裡拿出 18.5 歐元，存進了新開的帳戶裡。我在心裡默念著自己想出來的咒語：「小鵝，小鵝，快快長大！」

這一切真是太有趣了。開完戶，我們從銀行出來，走上回家的路。我邊走邊想：真好，找到了這樣一位親切又和善的顧問，真想再次見到她。

不過，我們得快點趕回家，還不知道莫妮卡和三隻狗相處得怎麼樣呢，畢竟她和狗打交道的經驗並不多。雖然她也有一隻淘氣的小巴哥犬威利，但照顧大狗完全是另一回事。

事實證明，我的擔心是多餘的，莫妮卡在家開開心心地迎接

我們，一切都完美極了。我們又一起去森林裡玩，玩得非常盡興，連回家的時間都忘了。

等我們往回走時，天色已經暗下來了。我請求他們倆陪我去取畢安卡的食物，那些東西就放在特倫夫太太家的後院裡，三個人一起拿會輕鬆許多。

我們來到了那棟「女巫小屋」跟前。這裡離我家有幾百米遠，就在森林邊上。院子裡看起來有些荒蕪，因為特倫夫太太很多年沒有修剪過那些樹和灌木了。我們小心翼翼地穿過灌木叢，繞到房子後面，特倫夫太太說過，她會把食物放在那裡的露臺上。

這時，天已經全黑了。雖然我們帶著錢錢、拿破崙和畢安卡，但心裡還是有點發毛。威利在場完全無法增加我們的安全感，牠看起來膽子最小，一直緊緊挨著畢安卡。我們都不說一句話，就連莫妮卡也沉默不語，這可太不同尋常了。突然，我明白我們為什麼會害怕了：四處一片死寂！我們不由得屏住了呼吸……

我們悄無聲息地往前走，時不時還會被樹枝絆一下腳。終於來到了後院，畢安卡的食物果然放在露臺上，但我們總覺得有什

麼不對勁，戰戰兢兢地四下張望，突然，狗開始叫了起來。畢安卡朝露臺上的門衝了過去，我們的目光一直追隨著牠的身影，結果發現那房門竟然虛掩著。畢安卡用鼻子頂開門，衝著房子裡叫了幾聲。隨後，牠跳進屋裡，牠的叫聲很快弱了下去，漸漸愈來愈弱，彷彿是從很遠的地方傳來似的，最後，四下裡又徹底安靜了。

我們等了一會，畢安卡沒有回來。我們輕輕地叫牠，也沒有聽見回應。這下，我們嚇壞了，呆若木雞地立在原地。我悄悄地看向身旁，莫妮卡臉色慘白，小巴哥犬撲進她的懷裡，她緊緊地抱住了牠，臉上滿是驚恐的表情。

馬塞爾第一個回過神來。他示意我看管好錢錢和拿破崙，我點點頭，拉緊了牠倆的項圈，在這一刻，我無比慶倖自己訓練好了拿破崙。

馬塞爾貼著牆，慢慢向門口挪過去。他小心翼翼地跨進屋子，把屋裡的燈打開了。等到他重新出現在門口時，時間其實只過了一下下，我們卻好像等了一個世紀那麼久。他招手讓我們過去，悄聲說：「好像沒什麼不對勁的。」於是，我躡手躡腳地牽著兩隻狗走了過去。

「我是絕對不會進去的。」莫妮卡突然說。

「那好，妳就在這裡等著吧。」馬塞爾同意了。

但莫妮卡馬上又改了主意，因為她發現一個人待在露臺上更可怕。她跟著我們走進房子，一起來到了客廳裡，這回，裡面一片淩亂，沒有了以前那種舒適和隨意的感覺，而隱隱透著危險的氣息。

「有人闖進來了。」馬塞爾做出了判斷。

「不是吧，屋子裡本來就很亂。」我輕輕地說。

馬塞爾不同意我的看法：「妳看，門被撬開過。」

他是對的，門框上有明顯的損壞痕跡。這時我才意識到，為什麼這個雜亂的房間讓人覺得不太舒服：牆上所有的圖表都被扯了下來，傢俱也挪動了位置，看起來就像是有間諜片中的探員剛剛翻找過微縮膠卷一樣。我想起了昨天晚上的噩夢，不是說今天要小心行事嗎？可現在，我走進了一座地處偏僻的房子，正站在它遭小偷破門而入的客廳裡。那個小偷會不會還在屋子裡？我的心都快從喉嚨深處裡跳出來了。

突然，我們聽見老舊的木地板上傳來了腳步聲。我嚇得彷彿渾身的血液都要凝固了。吱咯吱咯的腳步聲愈來愈近，馬塞爾迅

速觀察了一下四周，抄起沙發邊的舊望遠鏡，準備用來當武器。突然，客廳的門吱呀一聲，打開了一起幾公釐寬的小縫，我們嚇得四下逃開，莫妮卡不禁失聲尖叫起來。這時，畢安卡從門縫裡探出了大腦袋，我們終於鬆了一口氣——竟然把牠給忘了！錢錢和拿破崙歡歡喜喜地迎了上去。

又是馬塞爾第一個做出了判斷。「不管是誰來過，看來在我們來時都已經逃走了，要不然這些狗不會這麼安靜。」我看了看錢錢，牠一點也沒有顯出煩躁不安的樣子。我伸手抱起牠，覺得心裡安穩了許多。威利也從莫妮卡的懷裡跳出來，安靜地在牆角嗅來嗅去。

Chapter 10

在古老的地下室

　　我們慢慢沒那麼害怕了，決定檢查一下這棟房子。莫妮卡想先報警，但我和馬塞爾覺得等一會再叫警察也不遲，冒險的渴望在我們心裡占了上風。我們小心地開始巡查，走過了所有的房間，所到之處都是一片狼藉，除此之外，並沒有別的反常之處。

　　「還記得嗎，畢安卡跑進了房子，牠的叫聲像是從很遠的地方傳來的。」馬塞爾問。

　　「肯定在什麼地方有一個很深的地下室，」莫妮卡哆哆嗦嗦地說，「說不定還有個地牢⋯⋯」

　　聽到這話，我笑出了聲，不過心裡也有些忐忑不安。我們又在屋裡轉了一圈，想找到地下室的入口，過了很久，才終於發現了地下室的門。那扇門就在樓梯底下，只不過看上去像個櫃門。門很輕，也沒有上鎖。我們輕手輕腳地打開門，朝裡面張望，發現還有一段陡峭的樓梯直通下面。我們想找找電燈開關，但怎麼

也找不著。

「我在客廳見到過幾根蠟燭。」我突然想起來。馬塞爾點了點頭。

我們趕緊折回客廳去取蠟燭。莫妮卡一邊點蠟燭，一邊勸阻說：「你們真打算下去嗎？我可不去。」

「好吧，」馬塞爾說，「那妳就帶著威利和拿破崙在這裡等著。我和綺拉帶畢安卡和錢錢去地下室看看。」

我其實也想和莫妮卡一起留在上面，可又實在好奇下面能發現什麼東西。再說，我也不想在堂哥面前露怯，他才剛剛開始佩服我呢。就這樣，我和馬塞爾牽著狗小心翼翼地往樓梯下走去。這個地下室一定歷史非常悠久，燭光映照著裸露的牆磚，陰森極了。

我們終於到了樓梯盡頭。地下室非常大，堆的都是些破爛雜物，還有許多塞滿了瓶瓶罐罐的架子。天花板特別低，馬塞爾不得不微微低著頭。我們警覺地察看著各個角落，但沒發現什麼特別的地方。

「這裡沒有什麼特別的。」我小聲說。

馬塞爾卻指了指架子後面牆上的一扇小門，我吃了一驚——

我壓根沒發現那裡還有一扇門！我們小心翼翼地挪開架子，免得那些瓶子罐子砸下來。門前沒了遮擋，我們試著去推門，可是門被牢牢鎖住了。馬塞爾臉上流露出失望的神情：「沒辦法了。真可惜，我還想看看這扇門後面藏著什麼秘密呢。」

「說不定藏著寶藏呢。」我開玩笑說。

馬塞爾噗哧一笑，說：「沒錯，就像美國諾克斯堡的軍事基地一樣，裡面藏著好多金子。」

這時，畢安卡用鼻子使勁蹭我，嘴裡還銜著個黑乎乎的東西。我仔細一看，原來是一把鑰匙。牠搖了搖尾巴，把鑰匙扔在地上。「聰明的小狗，」我趕緊誇獎牠，「看來是經常幫主人拿鑰匙吧。」我們都絲毫沒有注意到，畢安卡到底是從哪裡找來的鑰匙。

馬塞爾撿起鑰匙，慢慢打開了門。門一開，我們舉著蠟燭走了進去。裡面的房間比外面那間要小些，除了一隻箱子外空無一物。馬塞爾朝箱子走去，發現這個箱子是用結實的木頭打造，四周包著鐵皮，前面掛著一把鎖。馬塞爾看了一下鎖，笑了：「這種鎖，我不費吹灰之力就能打開。」

我還在猶豫我們有沒有權利打開這個箱子，馬塞爾就已經掏

出了他的專用開箱鑰匙，開始忙碌起來。我在旁邊看著，好奇壓倒了一切顧慮。只聽見咚嚓一聲，箱子開了。

「這是你送麵包時學來的本事吧，」我取笑他說，「你可真是個厲害的小偷。」

「我要是去當小偷，一定超厲害。」馬塞爾還沒忘了吹牛。

他邊說邊掀開箱蓋，朝裡面看了一下。看完，他不禁吹了聲口哨，連連說：「好傢伙，好傢伙！我總算明白小偷們闖進來是想找什麼了。」

我也往箱子裡看去。哇，裡面有厚厚一疊檔，一大捆 500 歐元面值的鈔票，還有一堆排放得整整齊齊的金條！我快被那些發亮的金條閃暈了，真是不敢相信，它們都是純金做的。馬塞爾說得對，這肯定就是小偷一心想找的東西。

「我們該怎麼辦？」我憂心忡忡地問，「要是我們還把東西留在這裡，小偷又進來了怎麼辦？」

馬塞爾想了想說：「妳說得對。我們必須得報警，警察會保管這些財物的。我們先仔細記一下箱子裡都有些什麼吧，以防萬一吧。」

我們趕緊忙活起來，認真地清點了所有的東西，並依次記錄

了下來。清單寫好之後，我們得意揚揚地看著自己清點的成果：100 張 500 歐元的鈔票，一共 50,000 歐元；25 條金條；78 枚金幣；163 張證書；一個裝著信件和銀行明細的信封；一個裝著 16 塊寶石的小袋子；一條金項鍊；7 只金戒指。

馬塞爾滿意地把清單塞進口袋，打算稍後也幫我抄寫一份。我們倆都覺得，要是我們也有這麼多錢和寶貝，一定高興死了。

「特倫夫太太真是太有錢了！」我驚歎道。雖然她曾跟我們提起過自己的財富，但親眼看見它們擺在面前，感覺還是大為不同。

「她為什麼要把這麼一大筆財物放在地下室裡？」我不解地問。

「有錢人都會這麼做。」馬塞爾像個大人似地對我說，「我敢打賭，特倫夫太太一定還有很多很多錢投資在別的地方。這裡的也許只是留著應急的。」

「留著這麼多財物應急？」我有點不敢相信。

「也許這樣才夠她拿在手裡數著玩。」馬塞爾堅持說，「想

想《唐老鴨》裡的史高治叔叔，他的財富不計其數[1]，他最喜歡的事就是在錢堆裡游泳。」

我回想起自己讀過的那些漫畫書，還想起媽媽總是讓我在摸過錢後洗手，不禁說道：「我想，有錢人大概不會覺得錢髒吧。」

馬塞爾同意我的看法：「我也這麼想。特倫夫太太肯定非常喜歡時不時下來，看看她的寶貝箱子。反正，至少我會這樣。」

我忍不住笑了起來，腦海中浮現出一位老太太，她走進地下室，打開箱子，挨個把玩箱子裡的金條和鈔票……我浮想聯翩，想道：換作是我，還會掂一遍這些金條和金幣，真是好開心呀。

突然，錢錢叫了起來，很快，畢安卡也跟著叫起來。兩隻狗背對我們，衝著門口一邊嗅，一邊愈叫愈大聲。馬塞爾跑到門邊，朝著外面大聲喊：「莫妮卡，是妳嗎？快下來，我們現在知道小偷要找什麼了。」

錢錢和畢安卡不再大叫了，只是從喉嚨裡發出咕嚕咕嚕的聲

1　史高治叔叔：迪士尼動畫《唐老鴨》裡，唐老鴨的叔叔。世界上最富有的鴨子。牠非常貪婪吝嗇，聲稱自己知道手頭每一枚硬幣的來歷，經常坐在錢堆上。

音。馬塞爾突然有些驚慌失措：「出什麼事了？狗是不會衝著莫妮卡發出咕嚕聲的。」

這時，地下室裡響起了男人的聲音，把我們嚇了一大跳。錢錢的毛都豎起來了，我噓了一聲，說：「安靜點，錢錢。」但牠仍然焦躁不安，繼續發出咕嚕咕嚕的聲音。

外面的聲音愈來愈近，愈來愈響，我們根本無處可逃。沒過一陣子，我們看見一束手電筒的光在狹小的地下室裡掃過，然後一起強光直刺我的眼睛，我尖叫起來。

「快看，快看！是誰在裡面？」一個聲音叫道。

「不關你的事！」馬塞爾憤憤地吼道。

光線太刺眼了，照得我們什麼都看不清。這時，只聽見另一個低沉嘶啞的嗓音說：「你們找到什麼了嗎？要是這樣，真幫我們省了不少事。」

隨著光束移到箱子上面，那個男人吃驚地叫道：「伯爾德，快來看！那個小妹妹說得沒錯，這裡真有寶貝。」

「拿開你們的髒手！這是一位老太太的！」我憤怒地大吼。

「小妹妹，你誤會了。我們不是壞人。」第一個人笑了起來。光束從箱子上移開，落在了第二個聲音處：我們看見了一位

警察！

　　馬塞爾馬上反應過來，而我卻神經質地笑了起來。我這才意識到自己剛才有多緊張。這下子我如釋重負，一下子癱坐在地上。

　　「一個小妹妹給她爸爸打了電話，她爸爸又通知了我們。」第一位警察向我們解釋。

　　原來如此。

　　「莫妮卡現在在哪裡？」馬塞爾問。

　　「她和她爸爸，還有我們其他同事都在上面。」

　　這名警察走出去，衝一位站在樓梯臺階上的同事大聲說：「沒事了！孩子們都在這裡，都沒事！」

　　我們回到了一樓。走廊和客廳裡至少還有十名員警，莫妮卡的爸爸也在，莫妮卡一臉驚恐地挨著他。

　　莫妮卡說，她等了我們很久，還順著樓梯往下喊了幾聲，但沒聽到任何回應。她估計我們出事了，於是趕緊給爸爸打了電話。

　　莫妮卡的爸爸嚴肅地看著我們說：「你們真是太大意了！應該馬上報警的。」

我們說不出話來。我看著莫妮卡，感到很抱歉，她剛才一定嚇壞了。都怪我們在清點寶貝時太過投入，完全忘了時間。

警察請來了鎖匠修門，然後萬分小心地抬走了地下室的那個箱子。他們得繼續忙活一陣子，還問了我們很多問題。不過，他們對我們非常和氣，還誇獎了我們，說是我們嚇跑了登門行竊的壞蛋。

我和馬塞爾驕傲地看了對方一眼。隨後，我們被送回了家。媽媽擔心極了，一直在窗前等著。她說，看見我們從警車上下來時，她已經做好了最壞的打算。

員警們很快說明了情況，然後分別送馬塞爾和拿破崙回家了。媽媽趕緊給她姐姐，也就是馬塞爾的媽媽，以及哈倫坎普先生家打了電話，以免警車突然出現在家門口時，他們會像她一樣嚇一大跳。

我仔仔細細地給爸媽講了整件事的經過。我真是太興奮了，根本睡不著覺。對了，爸媽也像莫妮卡的爸爸那樣告訴我，我們當時應該立刻報警。

Chapter 11

爸媽不明白的事

　　第二天去上學，學校裡炸開了鍋。莫妮卡迅速將我們的冒險故事說了出去，這下，我們成了整個學校的焦點。很多人跑來祝賀我，有些男孩甚至說：「妳真幸運，遇上了這麼驚險的事情。真希望我以後也能碰上一回。」

　　我不知道這算不算件好事。我只是覺得，如果沒有夢想存錢筒，這一切都不會發生。我不會去找工作，不會結識哈倫坎普先生，也就不會在他的推薦下去幫特倫夫太太照顧畢安卡。

　　我有一位睿智的歷史老師，他總說的那句話看來是對的：「仔細觀察，幸運只不過是充分準備加上努力工作的結果。」

　　不管怎樣，我和莫妮卡一躍成了學校的明星。一家本地報紙甚至派來攝影記者替我們拍照。第二天，我們登上了報紙，文章把我們的勇敢行為說得活靈活現。可惜的是，馬塞爾沒有和我們一起出現在照片上。爸媽看到報紙後，也著實為我們驕傲，逢人

就說這件事。

　　一天早上，我在寫成功日記時又回想起了這次歷險。這的確是一次很棒的經歷，我也為此感到自豪，而且，我還得出了一個有趣的結論：我深信，我的整個人生已經變成了一次獨一無二的冒險。這真令我高興。

　　我發現，自從我開始思考錢的問題，努力想辦法賺錢，許多事情都發生了改變。我的生活變得有意思多了。我透過和以前不同的方式結交到了朋友。我和大人進行了有意思的對話。我學到了很多東西，和學校裡學到的東西完全不一樣。我對這些知識真的非常感興趣，因為我知道，它們是有用的。學習怎麼賺錢去美國，可比在歷史課上學習關於查理大帝的枯燥知識要有趣多了。當然，我也更用功地學習某幾門課程，比如，我現在很喜歡學英語，因為我知道不久就能用得上。

　　我現在會去考慮很多以前覺得無關緊要的事情。最重要的是，我的自我感覺好極了。我也突然意識到，最有意思的並非只有錢，而是每一天都過得很充實美好，而且我還體會到，一切皆有可能。我每天都會這樣思考很多問題，這在以前是沒辦法想像的。

透過成功日記，我也學到了很多東西。我早已不再僅僅記錄所謂的「成果」，還常常記錄下自己是怎樣獲得成功的。比如，我知道自己非常勇敢，但在感到害怕時，我也不會覺得困擾。因為哈倫坎普先生曾對我說，勇敢不是毫不恐懼。勇敢的意思是，一個人雖然心懷恐懼，但仍然能克服恐懼向前走去。

我決心努力工作，但工作一定要讓我體會到樂趣。爸媽總是說我懶，他們說得不對，因為現在我可勤奮了，每天照料三隻狗，餵牠們吃東西，為牠們洗刷毛髮，帶牠們散步，訓練牠們。這並不是件容易的差事，我卻樂在其中。

最重要的是，我第一次確信，自己盡到了最大的努力去做一件事。這可能就是我最大的變化。以前我總喜歡告訴自己：「一旦我開始認真學習，就肯定能取得好成績。」現在我才意識到，這只不過是我自己的推託之詞。當我真正付出了全部努力，其實就不再需要這個藉口了。因為我可以明明白白地看到自己的潛力究竟如何。

或許還可以這樣說，我做到了許多原本做不到的事情，比如賺錢。只有放手去做，才能發現自己原來真的可以！

接下來的日子飛快地過去了。我和「我的」三隻狗相處得非

常愉快，我也經常和馬塞爾、哈倫坎普先生和金先生津津有味地聊天。我問了很多問題，也得到了很多讓我耳目一新的答案。

金先生給了我一張 2,065 歐元的支票。因為照顧錢錢就得到這麼多的報酬，我心裡始終有點過意不去，畢竟，世界上沒有比照顧牠更讓我開心的事了。金先生寬慰我說：「如果走丟了的是妳的狗，你看到別人悉心照料牠，妳也一定會非常高興。就是因為妳不圖回報地照料牠，妳的工作才有了價值。」必須承認，他說得很對，錢錢在別人那裡不可能比在我這裡過得舒服。

於是，我把支票拿到銀行去兌現，按我的計劃把錢分配了一下：一半的錢存進了帳戶，也就是 1,032.5 歐元，用來「餵養」我的「鵝」；另外的 1,032.5 歐元取了出來，往每個夢想存錢筒中都放進了 413 歐元；剩下的 206.5 歐元當作零用錢。能為我的舊金山之行與筆記型電腦分別存上 413 塊錢，這感覺真是太奇妙了。我真想叫媽媽來看看，但最終還是決定到最後再給她一個驚喜。

從哈倫坎普先生哪裡賺來的錢，我也用同樣方式分配。他仍然每天付我 2 歐元，當然，每教會拿破崙一個本領，他就會多支付 10 歐元。我偶爾也會奢侈一下，請莫妮卡來幫忙，然後把我

報酬的一半分給她。

　　一開始，我覺得這對莫妮卡不公平，畢竟所有事情都是她在做，而我什麼也不用做，卻仍然賺的和她一樣多。但馬塞爾告訴我：「工作本身往往最多只值報酬的一半，另一半的價值來源於你的想法和實施這個想法的勇氣。」這一點很重要，我也是這樣對莫妮卡解釋的。我還建議她去找一份和照顧拿破崙類似的工作，她卻說沒有膽量和別人搭話，再說她還有 75 歐元的零用錢，她已經很滿意了。

　　這讓我下定決心，以後絕不給我的孩子太多零用錢。我要鼓勵他們寫成功日記，鼓勵他們自己賺錢，愈早愈好。

　　然而，有一件事卻困擾著我：我和錢錢之間的對話愈來愈少了。我要做的事情太多了，又經常和堂哥、哈倫坎普夫婦聊天，與金先生交流的時間也愈來愈長，因此我和錢錢幾乎沒什麼機會去我們的秘密基地了。當然，我們還是常常一起散步，一起撒歡，只是不怎麼聊天了。本來我有很多問題想問錢錢，卻從金先生或其他人哪裡得到了答案。

　　錢錢看起來根本不在乎，恰恰相反，牠看上去很享受這樣的生活——牠似乎更願意別人把牠當成一隻普普通通的狗。牠也很

喜歡和拿破崙、畢安卡一起玩鬧嬉戲。每次看到牠們在一起時，錢錢表現得好像毫無區別，看起來是那麼「正常」，我就只能安慰自己，也許本該如此吧。

有一天，我和爸媽一起吃飯，他們一言不發，臉色陰沉，各人盯著各人的盤子。他們吵架後總是這副模樣。我很想再和他們談一談債務問題，之前還特意又看了一遍錢錢教我的四條建議，但還是覺得實在不是合適的時機。

沒想到，爸爸打破了沉默。「綺拉，我看到妳的一份銀行明細，上面有很多錢。」他審視著我，意味深長地說，「很多、很多錢。」

「那是金先生付給我的，是照顧錢錢的報酬。」我趕緊解釋。

「你看，錢來得正大光明。」媽媽像是鬆了一口氣。

「妳領了 1,032 歐元。」爸爸繼續說，「妳能解釋一下，妳把這些錢拿去做什麼了嗎？」

我心裡有些不舒服，並不是因為心虛，而是覺得他們不信任我。這不公平！

我努力控制住自己的情緒，向他們說清楚我是從哪裡賺到

這些錢，怎樣把所有收入分成三份，50% 用來養「鵝」，40%用來實現中短期的目標——我的兩個願望，還有 10% 當作零用錢。沒錯，我不得不又講了一遍「鵝與金蛋」的故事，不然爸媽根本聽不懂。

爸爸一臉錯愕地看著我。不管怎樣，看上去我的解釋終於讓他放下心來。媽媽甚至露出了得意的笑容：「看吧，女兒遺傳了我的理智。」

爸爸嘆了口氣，說：「真希望我也能這樣分配收入，分成三部分。」

「為什麼不這樣做呢？」我問。

「賺來的錢總是馬上就花光了呀。」爸爸解釋說，「要不然，妳以為我們的房貸、飯錢和水電費用都是誰付的呢？」

「可是你至少可以把剩下的錢也分成三份，就像我一樣。哪怕只剩下收入的 10%，也是可以這樣分配的。」我堅信這是可行的。

「根本沒有多餘的錢，我一分錢都剩不下來，」爸爸抱怨道，「光是還房貸就要花掉一半的收入。」

「分期付款可以用最低金額還嘛。」我又試著提出了這個建

議。

「妳根本不懂什麼是貸款契約。」爸爸不滿地嘟囔著。

媽媽趕緊聲援我：「我們的女兒至少懂得怎麼賺錢！」

「她只是運氣好罷了。」爸爸有些惱火。

「我們的歷史老師總是說，」我趕緊反駁，「仔細觀察，幸運只不過是充分準備加上努力工作的結果。」

爸爸若有所思地注視著我，似乎有所觸動。是的，爸爸是個好人，可惜他有個壞毛病，就是總將自己的狀況歸咎於別人和外部環境，彷彿只有他自己是個犧牲品，而別人都是幸運兒。

現在，他似乎領悟到了什麼。他說：「有位從我這裡進貨的企業家，也跟我聊過運氣。他是怎麼說的來著……對了，他說：『傻人只有一次好運，聰明人永遠都有好運。』我那時不明白幸運和聰明有什麼關係，現在明白了。如果說幸運是充分準備加上努力工作的結果，那麼我準備得愈充分，工作得愈勤奮，運氣也就會愈好囉。」

媽媽一時沒跟上他的思路，她只是問我：「那妳是做了什麼樣的準備，才賺到這麼多錢的呢？」

我告訴她，我每天早上都寫成功日記，還特意強調金先生的

司機和他所有的同事都是這麼做的。

「這有什麼用呢？」爸爸懷疑這樣做的意義。

「我們能賺多少錢，取決於我們的自信。而自信又取決於我們到底是專注於做自己能做好的事，還是自己並不擅長的事。如果不是寫成功日記的話，我可能永遠也不會意識到處處都有賺錢的機會。」

爸爸輕輕地點了點頭。如果他也暗地裡開始寫成功日記，我可一點也不會覺得奇怪，不過他肯定不會那麼爽快就承認的。

我感到爸爸願意聽一聽我的想法了，便提議說：「爸爸，為什麼不去和金先生聊一聊你的財務問題呢？」

「我想他不會對這件事感興趣的。」爸爸遲疑地說。

「我已經和他說過了，」我急忙說，「他會很樂意的。」為了讓爸爸卸下心裡的包袱，我又說：「我們幫忙照顧他的小狗，這樣做也是給他一個機會，讓他也能為我們做點什麼嘛。」

「但我們不該隨便跟人談錢哪。」媽媽說。這是她從小就學會的一句老生常談。

我鼓起勇氣說：「你們有沒有想過，你們在飯桌上談過多少次自己的財務問題？你們總是想著怎麼才能暫時應付過去，而更

聰明的做法是要找到長期又有效的解決辦法啊。」

爸媽意味深長地對視了一下。如果不久前我這麼說話，肯定會引得他們大發雷霆。可他們現在開始接受我的想法了。他們認真地聽我說話，也在思考我說的話。我深深感到，如果想被別人認真對待，學會賺錢並能合理地處理財務問題，是多麼重要啊。

媽媽先同意了去和金先生談一談。也許是因為她還沒見過金先生，覺得很好奇吧。我給金先生打了電話，替爸媽約好了會面的時間。

我心裡一陣雀躍。我很肯定，金先生會幫助爸媽的。不，我在心裡又重新說了一遍：他會告訴爸媽，怎麼才能自己幫助自己。

Chapter 12

特倫夫太太歸來

　　特倫夫太太終於旅行回來了。她到家的時候，我特地趕了過去，好讓她對家裡發生的事情有所準備。兩位警察也已經在哪裡了，他們得知了她的返程日期，想等她回來辦理一些例行手續。

　　令人難以置信的是，特倫夫太太居然非常平靜地聽完了整件事的經過。當她知道有人入室行竊時，脫口而出的竟是：「可憐的小偷，他們還不如去證券交易所呢，那裡可以拿到的錢要比這裡多太多了。」

　　她可真是一位超酷的老太太！

　　警察大講特講了一番我、馬塞爾和莫妮卡的英勇事蹟，還把相關的新聞報導拿給她看。隨後，他們遞給她一張清單，上面列明瞭箱子裡的所有財物，這些東西現在都妥善地保管在警察局的保險箱裡。

　　特倫夫太太聽了十分感動，真誠地向我道謝。等到警察離開

後，我終於可以單獨和她聊一聊了。

「您為什麼冒這麼大的風險，把這些錢和金子都存放在家裡呢？」我迫不及待地說出了心裡的疑問。

「有很多原因。」老太太向我解釋說，「首先，我很喜歡把玩它們，我很喜歡鈔票和金子。」我不置可否地看著她——這麼坦誠地說自己熱愛金錢，我也不知道是否合適。不過，我又回想起和馬塞爾在箱子旁一一查看、清點財物和觸摸金條時體會到的快樂……這位老太太為什麼就不能在打開寶箱時享受同樣的幸福感呢？更何況，這一切本來就是屬於她的呀。

特倫夫太太繼續說：「第二，這筆錢是用來應急的。不管發生什麼事，我放在箱子裡的東西總夠我花上好幾年了。」

「這也未免太多了吧！」我笑著說。

「這得看妳總共擁有多少錢。」她解釋道，「如果把超過財產總數 5% 到 10% 的錢存放在家裡，那就沒有意義了。」

我忍不住吹了聲口哨，這位老太太真是太有錢了！

「第三，我將很大一部分錢投到了股票和基金上，這包含了一定的風險，所以我手頭要有一定數量的現金，這是明智的做法。等以後有機會，我再詳細講給妳聽。」

特倫夫太太一點也不著急收拾屋子。她可真喜歡說話。

「可是，這些現金差點全被偷走啦！」我提醒她說。

「那可就太遺憾了，因為那些小偷是不會高興多久的。」老太太很肯定地說。

我驚訝得合不攏嘴：「他們有了那麼多的財寶，怎麼會高興不了多久呢？」

「這就不太好解釋囉。這麼說吧，金錢只會留在那些為它做好了準備的人身邊，用非法手段得到不義之財的人，反而會過得比沒錢時更糟糕。」

「我不懂，」我困惑極了，「那為什麼小偷們還要費盡心機去偷東西呢？」

特倫夫太太想了想，說：「因為他們以為有了錢就可以改變自己的狀況，他們以為金錢能使人幸福。」

「我爸媽也這麼想。」我邊想邊說，「他們固執地認為，如果不用為錢煩惱，他們就會過上非常幸福的生活。」

「那妳爸媽和許多人一樣，都想錯了。想要過得幸福而充實，就得先改變自己，錢可不能為他們代勞。金錢本身並不會使人幸福或不幸，它是中性的，既不好也不壞。只有當它屬於某個

人時，它才會對這個人具備好的意義或壞的意義——要麼把錢用於好的地方，要麼用於壞的地方。一個幸福的人有了錢會更幸福，而一個消極悲觀、總是杞人憂天的人，錢越多煩惱也越多。」

「但我媽總說，金錢會毀掉一個人的品性。」我不太贊同地說道。

「金錢會暴露一個人的品性，」特倫夫太太解釋道，「金錢就像放大鏡一樣，它會讓妳把自己看得更清楚。品性好的人會拿錢做很多好事，而小偷呢，只會把錢揮霍在愚蠢的事情上。」

我好好想了想她的話。金錢幫了我的忙，因為它，我得到了堂哥馬塞爾、銀行顧問海娜女士、富有的金先生以及哈倫坎普一家的尊重。此外，我也開始尊重自己。我和有意思的人聊天，我的生活變得更加精彩，我思考的問題也更多了。這麼說吧，我變得更幸福、更自信了。

特倫夫太太像是看穿了我的心思，她說：「金錢的確能成為我們生活中的好幫手，它能提高我們生活的整體水準，也支撐著生活中其他的方方面面。有了錢，我們就更容易實現自己的目標和夢想——這裡面既包括好的目標和夢想，也包括壞的目標和夢

想。」

啊，原來是這樣，我之所以會過得更好，是因為我有好的目標。現在，我終於明白為什麼錢錢從一開始就那麼堅持，讓我首先確立自己的目標。這一刻我總算相信，金錢是不會毀掉我的品性的。

我感激地看著錢錢，牠正舒舒服服地躺在我腳邊睡大覺呢。

老太太又轉回了之前的話題：「我啊，只有將一部分現金放在箱子，其他都存在銀行的保險箱裡。小偷是不可能讓我陷入困境的。」

說著說著，她突然冒出一個主意來：「我很想謝謝你們。希望能做點什麼事，對你們以後整個人生都大有益處的事。所以我提議，我們兩個，還有你的朋友們，我們一起成立一個投資俱樂部吧。你覺得如何？」

「一個什麼？」我沒聽明白。

「就是我們一起投資。比如說，每個人每月拿出 25 歐元放在一起，我們拿這筆錢去投資。」

我太高興了，激動地叫起來：「您是在教我們怎麼讓『鵝』生金蛋哪。」

這下輪到特倫夫太太不解了。於是我為她講了「鵝與金蛋」的故事，她也聽得興致盎然。

「這個故事講的正是我在做的事情呀，」她高興地說，「我吃了很多苦頭才學會這些。妳根本想不到，小小年紀就學習正確地與錢打交道，是一件多麼幸運的事。」

她的話讓我很是得意，我心滿意足地看著錢錢，牠搖晃著尾巴，正在打瞌睡。我打算明天早上就把特倫夫太太的這幾句誇獎寫進成功日記裡。現在，我發現愈來愈多的時候，我整天都在不自覺地尋找可以記錄下來的「成果」。以前，我喜歡首先關注自己做不成的事情，現在會更專注於我能做到的事情。這樣一來，我就能更多地去尋找解決問題的辦法，而不是尋找逃避問題的藉口。

我想再多聊聊投資俱樂部的事，特倫夫太太卻想等我們三個都到齊了再說。我向她保證，一定會和莫妮卡、馬塞爾約好時間，來跟她合作成立我們的俱樂部。

在我臨走前，特倫夫太太給了我 70 歐元，這是照顧畢安卡的酬勞，一天 5 歐元。我趕緊跑到銀行，想把其中的一半存進我的養「鵝」帳戶。

剛到銀行門口，恰好碰見海娜女士向我走來。她說，她在報紙上讀到了我們的故事，想祝賀我，告訴我她為我感到非常驕傲。她正準備去休息，於是邀請我一起去喝點汽水。我當然很樂意。

「妳的帳戶情況真是不錯。」她誇獎我說，「我發現妳很會存錢。雖然妳賺的錢不能跟大人比，但存下的錢比大部分大人都多呢。」

我既得意，又有點不好意思。海娜女士想了一下，又問：「那些沒存進帳戶的錢，妳都用到哪裡去了呢？」

「我把剩下的錢分成了五份：一份當零用錢；其餘四份，往我的兩個夢想存錢筒裡頭各存兩份。要不然，我就沒辦法去加州、買筆記型電腦了。」

海娜女士驚喜地看著我，說：「妳這個方法比我預計的還要聰明。請等一等，我去打個電話。」

幾分鐘之後，她滿面春風地回來了，神祕兮兮地對我說：「綺拉，我覺得小孩都應該向妳學習，這樣他們的人生可以過得更美好，更輕鬆。所以，我想了想應該怎麼盡可能多做點什麼。你知道嗎，我正好是我孩子學校家長會的成員。幾天以後，學校

將開一次面向學生和家長的大會，而這或許是妳分享自己的故事的好機會。所以，我剛剛給校長打了電話，向他提了這個建議。他同意了。」

我茫然地看著海娜女士。

「這就是說，妳要在大家面前演講。」她向我解釋。

我頓時感覺渾身發燙，耳朵嗡嗡響，胃裡一陣痙攣。我腦海中浮現出一幅畫面：我走進坐滿觀眾的大廳，開始演講……

「我是不會答應的，」我堅決地說，「我會嚇死的。」

海娜女士笑了。

「而且，我也根本不知道該講些什麼。」

海娜女士卻不想這麼快放棄這個主意。她若有所思地看著窗外，過了一會才說：「妳知道嗎，因為工作的關係，我知道很多人的財務狀況，也有很多人向我傾訴這方面的煩惱。妳很難想像，如果沒有學會理財，會有多少煩惱和痛苦。也許金錢不是生活中最重要的東西，但如果處處缺錢的話，它就變得無比重要了，生活會為錢所累，人會變得很不正常，會跟身邊的人吵架，會覺得挫敗沮喪，覺得自己一無是處。只可惜，沒有人告訴他們，讓錢變成生活中積極的力量，原來可以這麼簡單。學校裡真

應該開設理財的課程，」海娜女士嘆了口氣，說，「可惜現在還沒有。所以，把妳的理財方法分享給大家，真的意義重大。」

她的話讓我很受觸動。畢竟，我自己已經體會到，自從學會和錢打交道之後，我的生活變得多麼有意思。

但我還是覺得自己肯定沒辦法勝任演講，於是沮喪地說：「我在臺上可能會一句話也說不出來。」

「那我和妳一起上臺，我提問，妳回答。妳只要講講你的真實經歷就可以了。萬一接不上話，我就幫妳跳過去。妳覺得這個主意怎麼樣？」

我還是很猶豫。「您為什麼不自己講呢？您在銀行工作，可是專業人士呀。」

「可是由妳來說，才會給大家留下更深刻的印象。」海娜女士回答，「那些話從我嘴裡說出來，只會讓大家覺得不過是一個銀行職員老生常談的廢話罷了。而孩子們會全心接受妳，因為妳做了所有小孩原本也可以做到的事情。」

「話是這樣說，但我還是擔心自己會結巴。」我還是反對，「我太緊張了。」

「我希望妳再考慮考慮。沒有人能強迫妳做自己不願做的事

情，只有妳自己能強迫自己去做。」

　　我們道別之後，我腦子裡一直在回想著海娜女士的話，最後那一句尤其讓我百思不得其解：「只有妳自己能強迫自己去做。」——我為什麼要強迫自己呢？

　　走到哈倫坎普先生家時，我仍陷在沉思之中。我是來接拿破崙的，可是牠的一隻爪子發炎了，只能在家休息。哈倫坎普先生邀請我進屋吃點心，是他妻子親手烤的香噴噴的蛋糕。我一言不發地一口氣吃掉了三塊。

　　「今天妳很安靜啊，」哈倫坎普先生瞧出了端倪，「遇到什麼麻煩了嗎？」

　　我告訴了他海娜女士的建議和我的恐懼。

　　「如果是我，我一定會去的。」哈倫坎普先生毫不猶豫地大聲說。

　　「您不是說過，您只做讓自己愉快的事情嗎？」

　　「一點沒錯。」他回答道，「我曾經狂熱地喜歡攝影，於是中斷學徒生涯，在世界各地跑了整整 13 年。那是一段美好的時光，但沒讓我賺到多少錢。後來，我想試試看自己能不能做生意，就開了一家照相館。幾年之後，我把它賣了個好價錢，在加

勒比海買下一家小旅館，又在歐洲做房地產生意，賺了不少錢。我只是不太擅長投資理財，這方面是我太太的拿手好戲，也是她的興趣所在。」

原來老先生的人生如此精彩，這太讓我驚訝了。「這恰好說明，您只做您感興趣的事情啊。」

「我當然感興趣，是的！」哈倫坎普先生沒有否認，「但也總會伴隨著恐懼。難道妳以為，中斷學徒生涯跑去遊歷世界，一拍腦門就能決定嗎？我害怕的時候總是會胃痛。我嘗試去做生意，要跟各種人物打交道，妳以為我沒害怕過嗎？」

他用懇切的目光看著我，說：「我生命中最美好的事情之所以發生，都是因為我做了原本不敢做的事情。」

真是難以置信。對於只做自己感興趣的事情，我之前把它想得太美好，或者說太簡單了。

「妳看我的太太，」他繼續說，「她年輕時非常漂亮，而我的相貌一點也不出眾。第一次見到她是在一列火車上，我立刻就愛上了她，而且我知道，如果那一刻什麼都不做，或許就再也見不到她了。我們那節車廂坐滿了人，我坐在她的對面。要當著這麼多人的面找她搭話，真是太可怕了，我之前從未感到這麼害怕

過！下一站我就得下車，時間不多了，我簡直快要窒息了。如果她拒絕了我怎麼辦？還當著這麼多乘客的面，多丟臉啊！但我還是冒險邁出了那一步。現在，妳瞧瞧，我得到了怎樣的回報，她是我一生中最寶貴的珍寶。」哈倫坎普先生一邊說，一邊溫柔地撫摸著太太的手。

哈倫坎普太太補充說：「最珍貴的禮物都是自己送給自己的。一旦克服了丟面子的恐懼，世界就會對你敞開大門。」

他們說得很有道理，但我心頭的擔憂仍然揮之不去──想想那滿堂的觀眾！

忽然，哈倫坎普先生有了個主意：「綺拉，假如妳一點都不害怕，也不緊張，那你有興趣講故事嗎？」

我不由得想起「鵝」的故事，近來我反復講過很多次，總是樂在其中。於是，我回答道：「如果只有一兩個聽眾，我會很有興趣。」

「那就去做妳能做好的事吧。如果妳能和兩個人交談，那就能和兩百人交談。能阻擋妳做自己喜歡的事情的，只有恐懼。但是，戰勝了恐懼後，妳就會成長。」他為我打氣。

我不禁回想起走進特倫夫太太家地下室的情景，一開始心裡

有多害怕，到後來心裡就有多自豪。然而，我對演講的恐懼並沒有因此消失。

「有時候，生活真是太艱難了。」我忍不住哀嘆。

「也很精彩！」哈倫坎普太太說道，她正出神地摩挲著丈夫的手。

多麼幸福的一對老人啊！從他們身上，我不知不覺就能學到很多。

\ Chapter 13 /

嚴峻的危機

　　我一回到家，就發覺大事不妙。爸爸焦急地在家裡走來走去，媽媽坐在廚房的桌邊，正傷心地哭泣。懂事的錢錢躲到了花園的灌木叢裡，一看到我，就立刻跟著我跑進了屋。

　　我小心翼翼地打聽到底發生了什麼事。媽媽說不出話來，哭得更厲害了。爸爸控制了一下情緒，以一副大難臨頭的口吻說：「我們拖欠了房屋貸款，銀行發來一封警告信，威脅說如果不能在一定期限內還清，就要解除房貸合約。」

　　「然後呢？」我問，「會怎麼樣？」

　　「然後，銀行會申請查封我們家的房子。但我們顯然拿不出那麼多錢來呀。」爸爸的眼裡也湧出了淚水，看起來好像隨時會號啕大哭。

　　「那我們就得搬回小公寓去了，太丟臉了！」媽媽抽泣著，看起來可憐兮兮。

「我們這輩子都無法擺脫債務了。」爸爸對未來悲觀到極點。

「而且什麼也買不起了。」媽媽一邊哭一邊補充。

「不會的。」我心不在焉地安慰著他們，卻覺得我也幫不上什麼忙。於是，我趕緊把錢錢帶到森林裡，眼下我真的太需要牠給點建議了。

我們走到了秘密基地。當初，錢錢就是在這裡，替我上了第一堂金錢知識課。現在想來，似乎已經過去很久了。這中間發生了多麼大的變化呀。

「不錯，妳取得了很大的進步。」我聽到了錢錢的聲音。

「又能和你說話了，真好！」我滿懷愛意地抱起錢錢。

「只有在妳需要我的時候，我才會跟妳說話。」錢錢說。

「我現在就非常需要你。」我懇切地說。

「其實，妳根本不需要我了。妳和很多富有的人交談過，學到了大部分關於金錢的知識。他們就是妳最好的老師。現在妳只缺少非常重要的一課：如何投資。其實這方面妳身邊有很多人都能幫助妳。我只需要稍微幫妳指點一下方向，剩下的妳自己就能做到。」

「好吧好吧，這並不重要。」我急忙說，「我現在急需你的幫助，要不然我們就會失去這座房子。」

「別亂說。」錢錢皺起鼻頭，噘著嘴，好像吃了什麼討厭的東西一樣，「妳已經邁出了最重要的幾步，明天就是妳的爸媽和金先生會面的日子。問題會解決的。」

我竟然把這件事忘了。對啊，我應該相信富有的金先生，他一定能輕而易舉地幫助爸媽。

「我想，妳剛剛又找到了一個成為有錢人的理由。」錢錢試探著說。

我疑惑地看著牠。

「妳可以成為這樣一個人：有能力幫助別人，也能夠讓別人信任妳，願意向妳求助。」錢錢解釋道。

「你是說，我能成為金先生那樣的人嗎？」我不敢相信牠的話。

「是，也不是。」錢錢回答，「說『是』，是因為妳有能力實現自己設想的目標。說『不是』，是因為妳不會和金先生完全一樣，而會擁有自己獨特的地方。當然了，如果妳繼續像現在這樣做，就會變得像他一樣成功。」

我聽得目瞪口呆，我連做夢都沒有這樣想過。但錢錢不會亂說。我決定明天立刻把牠的鼓勵寫進我的成功日記裡。我會和金先生一樣成功，這是我有生以來得到的最大的誇獎。這想法多麼不可思議！

　　「關鍵在於，妳要能確定妳到底想要什麼。」

　　「這又不難。」我順口說道。

　　「當然，大多數人都會這樣說，但不是所有人都做好了要為此付出必要努力的準備。他們不想付出代價。」

　　「那我該怎麼努力呢？」我好奇地問。

　　「就是繼續做好妳現在已經做到的事情。特別重要的是，在妳獲得一些成功之後，不能放棄寫成功日記。」

　　這一點我當然同意。

　　「這可不像你想像中那麼簡單，」錢錢的聲音非常懇切，「成功會使人驕傲，如果你驕傲自大，就會停止學習，不學習，人就不會成長和進步。」

　　牠停頓了一會，好讓我消化消化這些話。隨後牠繼續說：「只要妳繼續寫成功日記，就會不斷更深入地思考自己、思考世界、思考成功的規律。這樣一來，妳就會愈來愈深刻地瞭解自己

和自己的願望，而這又會讓妳有能力去更好地理解別人。完全理解自己和這個世界的祕密，是我們無法完全實現的一種理想，而我們能做的，就是不斷去接近這個理想。」

「我很喜歡寫成功日記。」我說。

「很好。」錢錢的聲音聽起來嚴肅極了，「還有一點：不能在困難面前退縮。對困難、錯誤和羞恥的恐懼，毀掉了無數人的生活。」

我的臉紅了。「眼下就有一件讓我特別害怕的事情，雖說海娜女士和哈倫坎普夫婦都極力開導過我了。」我告訴了錢錢海娜女士的提議，「我知道，我應該應邀去大會上演講，但我實在是太害怕了，我做不到。」

錢錢的回答出人意料：「來吧，我們去拿妳的成功日記。」話音剛落，牠就跑得沒影了。我撒開腿狂追，但怎麼也追不上。等我氣喘吁吁回到家時，錢錢早已等候多時了。我一把抓起成功日記，又和錢錢一起跑回森林裡。回到祕密基地時，我已經累得上氣不接下氣了。

「當妳覺得自己無法完成一件事時，還有一個辦法。」我剛喘過氣來，錢錢就開口說話了，「翻看一下成功日記，從過去的

事裡找找將來一定能達成目標的依據。」

於是我開始重讀成功日記。裡面記錄的那些事現在回過頭來看非常簡單，可哪一件在一開始沒有讓我感到恐懼呢？當我向哈倫坎普先生提出帶拿破崙散步時，當我認識金先生時，當我走進特倫夫太太家的地下室時，還有因為夢想存錢筒被媽媽嘲笑的時候，我都非常害怕。當然，我最大的恐懼是害怕失去錢錢……

「妳不覺得妳比自己原本想像的還要能幹嗎？」錢錢試探著問我。

真是太奇妙了。我頭一次感到，站在人群前演講沒那麼可怕了。我回想自己曾經克服過的那些困難，越想就越有信心。這時，我再想到這次演講，心中那團困擾我的恐懼徹底消失了，只剩下緊張和激動。我覺得，我一定能夠做好。

錢錢仔細地觀察著我的反應。「真像魔法啊！」我驚嘆不已，「剛才我還覺得自己永遠都不會答應去演講，現在竟然有些期待了，哪怕到時候我肯定會緊張得要命。」

我心裡暢快極了，海娜女士和哈倫坎普一家肯定會為我的決定驕傲的！

錢錢高興地舔著我的臉。這個壞毛病我還是沒有幫牠改掉，

看來是沒辦法了。

我還是不敢相信 —— 就像變魔法一樣。「這是怎麼回事呢？」我疑惑地問。

錢錢似乎笑了笑。「我們的恐懼總是源於對那些不確定的事情的想像，我們愈是設想失敗的可能性，就會愈害怕。而仔細看看成功日記，妳的注意力就會轉移到成功的經驗上面，這樣，就會自然而然地開始去想應該怎樣去做。」

我不知道自己是不是真的理解了錢錢的話，但牠又總結道：「一旦妳把精力集中在積極的目標上，就不會心生畏懼了。」

我聳了聳肩，有點無奈地說：「我還是沒有完全明白。不過，這應該也和使用電一樣吧，知道它有用就夠了。」

錢錢讚許地瞇了瞇眼睛。

我們離開了秘密基地，不過這一次，我們走得很慢。

睡覺之前，我還有一大堆事情要做。我得安慰爸媽。當我說起與金先生的約見時，媽媽總算不哭了。隨後，我給馬塞爾和莫妮卡打了電話，告訴了他們特倫夫太太提議成立投資俱樂部的事。

第二天早上，那位可愛的女司機來接我們了。金先生說，他

希望單獨和我父母聊一聊。他們聊了很長時間，具體聊了什麼，我不得而知。不過，等他們回家時，就顯得如釋重負了。

他們只是告訴我，金先生幫他們把分期還款期限暫緩了幾個月，還將每個月的還款金額下調了 32%。這樣一來，他們每個月手裡就能有一些余錢。他們打算將這筆錢分成兩份，一份存著應急，另一份用來養一隻自己的「鵝」。

我開心地擁抱了爸媽，然後把錢錢緊緊摟在懷裡——他們不知道，這是我向牠表達謝意的方式。我久久地撫摸著這隻漂亮的白色拉布拉多犬，牠呢，靜靜享受著我的愛撫。然後，牠竟然又堂而皇之地狠狠舔了一下我的臉……

我回到房間，心情像過節一樣快樂。我把夾在成功日記中的紙條拿了出來，上面寫著我最重要的三個目標，其中一個是：幫助爸媽擺脫債務。我做到了。雖然是金先生幫了他們，但促成這次會面的是我。

我興高采烈地拿出一支紅筆，在上面大大地打了勾。隨後，我開始記錄這次不同尋常的成功。在我的心裡，這件事意義重大，無論怎樣強調都不為過。於是，我翻開成功日記的下一頁，寫下了一行大大的字：「我最大的成果」。然後在下面寫道：

幫助爸媽擺脫債務之苦，並且開始儲蓄。

　　寫完，我心滿意足地看著夢想存錢筒。用不了多久，我就能「宰掉」它們啦。這一切真是太棒了！

Chapter 14

投資俱樂部

這天下午，我和馬塞爾、莫妮卡，當然還有錢錢，都聚在了特倫夫太太家裡。老太太為我們準備了一張圓桌，上面鋪著墨綠色的桌布，還擺上了一個點著六根蠟燭的燭臺。在燭光的映照下，一切都顯得頗為莊重。我們坐在自己的座位上，每個人面前放著一個小小的資料夾和一個信封。

一開始，特倫夫太太不讓我們碰資料夾。我們不知道接下來要發生什麼，心裡滿是期待。

「我宣布，第一次投資大會正式開幕。」特倫夫太太鄭重其事地說道，「首先，我們得給團隊起個名字。」

她算是問對人了，我們想出了好多點子，什麼「金庫」、「金鵝」、「魔法學徒」、「金幣幽靈」、「投資夢之隊」、「金色四人組」、「財富火箭」等等。甚至還想了個「Kimamo-

王牌 [1] 」的名字，「Kimamo」是我們自創的詞，由我們三個人姓名中的前兩個字母組成。最後，我們一致決定採用莫妮卡的提議：「金錢魔法師」。我們一致認為，只要學會我們的咒語，就能像變魔法一樣從無到有地變出錢來：

1. 熱愛並渴望金錢。
2. 自信，有想法，敢於做自己喜歡的事情。
3. 把錢分成三部分，分別用於日常開銷、夢想目標和養「鵝」帳戶。
4. 之後，進行明智的投資。
5. 以及享受生活。

我們拿起桌上準備好的筆，在資料夾上寫下了「金錢魔法師」幾個字和我們的名字。馬塞爾情不自禁地笑了起來，原來這支筆寫出來的字竟然是金色的。大家都忍不住笑了，特倫夫太太

1　譯者注：在德語裡，「王牌」一詞是 Trumpf，和特倫夫太太（Trumpf）的姓一樣。所以該處也暗指是在特倫夫太太的主持下，才有了現在的投資俱樂部。

想得可真周到。

　　隨後，我們打開了資料夾，在第一頁上寫下了我們的咒語。特倫夫太太一臉嚴肅地說：「為了確保我們能獲得成功，有必要制定一些規則，我把它們寫在了第二頁上。」

　　我們趕緊翻到第二頁，念了起來：

1.　每個月開一次會。

2.　每個人都必須列席會議。

3.　每個人都必須交出一定數量的現金。

4.　不能將這些錢取出，因為我們希望這隻「鵝」長大。

5.　共同做決策。

　　於是，我們確定了每個月開會的日子，並且決定每個人每個月投入 50 歐元，這對我們來說都不是難事：馬塞爾和我賺得不少，而莫妮卡有很多零用錢。我們準備聯名開設一個共同帳戶，只有大家一致同意時才能動用。

　　我們把所有的決議都記錄了下來。

　　沒想到，特倫夫太太還為我們準備了驚喜。她說：「我一直

在想，該怎麼感謝你們的勇敢行為。最後，我想到了個主意：贈送你們每個人一筆錢，當作投資俱樂部的資金。現在，你們可以打開信封了。」

我們迫不及待地照做了。真不敢相信自己的眼睛：每個信封裡都有 5 張 500 歐元的大鈔。這完全超出了我們的想像，2,500歐元啊！我們做夢都想不到。我覺得有點頭暈，我還從沒有一下子得到過這麼多錢呢。

「這錢我們不能接受。」馬塞爾堅持說。莫妮卡也附和道：「我們根本什麼也沒做呀。」

特倫夫太太可不這麼想，她說：「你們幫了我很大的忙。其實錢被偷了，倒是無所謂。但那些首飾是我丈夫送給我的，我很在乎。每當我戴上它們，就會想起從前和他在一起的那些美好時光。」

我聽了她的話，心裡很難過。但我能感到，特倫夫太太是真心實意想把錢送給我們。我不由得站起來，擁抱了她。她一定很久沒有和人擁抱過了，顯得很激動。莫妮卡也緊跟著像我一樣擁抱了她。我給馬塞爾使了個眼色，他不大情願地照做了。

我們道了謝，又回到座位上。老太太高興極了。我們對著

500 歐元的鈔票欣賞了好一陣子，好多錢哪！

「現在，我們共有 10,000 歐元可供投資。」老太太總結道，因為她自己也拿出了 2,500 歐元，「另外，每個月每人出資 50 歐元，一共是 200 歐元，每年就是 2,400 歐元。六年以後，算上 10,000 歐元的啟動資金，我們就能存下 24,400 歐元。但是，我們要拿這筆錢進行投資，所以最後得到的會比這個數目多很多。」

「到底會有多少呢？」莫妮卡想知道答案。

「這個以後再解釋。」老太太說，「現在我們得趕快去銀行開設聯名帳戶，把這筆錢存進去。你們有認識的好顧問嗎？」

「我有！」我趕緊說。還有誰比海娜女士更好呢？我們把錢收在口袋裡，起身去銀行。當我們把各自的五張大鈔放在海娜女士面前時，她嚇了一跳，不過，她還是認為我們的點子很不錯。在她的幫助下，我們把聯名帳號取名為「金錢魔法師」，以後銀行的流水單上也會印上這個名字。

手續辦理完大家離開時，我留了下來，因為我還想跟海娜女士說些事。我告訴她，我決定去學校的大會上演講了。

海娜女士聽了，滿意地看著我。我們約好找一天晚上，她來

我家聽我試講。

　　然後，我飛快地追上了其他人。和金錢魔法師們一起走在大街上，這感覺真是不錯！莫妮卡甚至提議，我們之間應該以「金錢魔法師」相稱。雖然馬塞爾覺得這太誇張了，但她仍然堅持自己的想法。

　　我們又回到了那座「女巫小屋」，準備迎接我們的第一課。下面，我們必須決定怎麼拿這些錢進行投資。

　　等我們都在圓桌旁落座後，特倫夫太太說：「投資遠遠沒有想像中那麼難。從根本上說，我們只需要注意三點。我把它們寫在了資料夾的第三頁上。」

　　我們趕緊翻到第三頁，我大聲地念了出來：

1.　應該把錢投資在安全的地方。

　　「這是當然。」馬塞爾評論說，「要不然，所有的錢都會打水漂。」

　　「沒錯。」特倫夫太太表示贊同。

　　我繼續往下念：

2. 我們的錢應該生出很多「金蛋」。

特倫夫太太解釋說：「我們當然希望錢愈來愈多，所以得看看哪裡能賺到最高的報酬。提醒你們一下，股票的報酬是最大的。」

只剩最後一點了：

3. 我們的投資必須簡單易懂。

「而且便於操作。」我補充說。

「比如像銀行帳戶，」特倫夫太太接著說，「一切都應該像玩遊戲一樣簡單。」這一點特別符合莫妮卡的心意，因為她一直暗暗擔心自己會弄不清楚。

「那我們用全部的錢投資股票吧！」馬塞爾得出了結論。

「股票到底是什麼？」莫妮卡問。

馬塞爾不屑地說：「連小屁孩都知道股票是什麼東西。」

特倫夫太太說：「那你就給莫妮卡簡單介紹一下吧。」

「沒問題。」馬塞爾說，「股票是……當人們……嗯……當人們在證券交易所……投機時……」

他說得結結巴巴，臉漲得通紅。老太太和氣地說：「這正是很多大人也會有的問題，大家都懂一點股票，但只有很少人能說清楚它到底是什麼東西。」

我得承認，除了「股票」這兩個字以外，我對它一無所知。

「你們設想一下，」老太太繼續說，「馬塞爾想為他的麵包派送生意買一臺價值 1,250 歐元的電腦，這能幫他減輕工作量，還可以節省很多時間。但他不想為此花自己的錢，這時，他可以選擇去借錢，去找銀行申請一筆貸款，那麼他就得定期還貸款，還得支付利息。但是，他還有一個完全不同的選擇：他求助於你們兩個，請你們為他的公司投資一筆錢，但他不會還給你們錢，更不會支付利息。假設你們每人給他 400 歐元……」

「我們為什麼要給他錢呢？」莫妮卡疑惑地問。

「這就是關鍵，」特倫夫太太趕緊解釋道，「只有在能夠獲得回報時，你們才會給他錢。如果馬塞爾讓你們擁有他的公司的股份，就能說得通了。」

「這要怎麼做呢？」我想知道。

「比如，你們可以約定，每個人都獲得他公司 10% 的股份，我們就按照他的公司價值 5,000 歐元來算……」

「我們怎麼知道他的公司價值多少？」我又問。

「決定一件東西的價值的唯一要素，就是人們願意支付多少錢來購買它。」特倫夫太太說。

馬塞爾突然說：「也許會有另一位麵包師傅願意出錢買下它，這樣他就能招徠新的顧客，而這些新顧客還可能在他那裡買別的東西，所以肯定是划算的。」

特倫夫太太點點頭，誇獎馬塞爾說：「你很有商業頭腦啊。」馬塞爾露出了喜悅的笑容。

特倫夫太太繼續說：「如果他現在想賣掉整個公司，而且有人願意為此支付 5,000 歐元，那就意味著他的公司的市值就是 5,000 歐元。他留下自己 80% 的股份，也就是 4,000 歐元，而你們兩個人各拿到 10%，也就是 500 歐元。」

「那我得到的錢就比給他的多出了 100 歐元。」莫妮卡歡呼。

「真聰明。」馬塞爾咯咯譏笑道，莫妮卡狠狠瞪了他一眼。

「那就是說，」我邊想邊說，「只有當他賣掉公司以後，我

才能拿到錢？」

「並不完全是這樣。」特倫夫太太回答，「也可能有人想要買你手中那 10% 的份額，那麼就由你決定以多少錢賣出。比方說，如果你開價 550 歐元，那麼就能很快賺到一筆錢。」

「那我乾脆開價 1,000 歐元！」莫妮卡喊道。

「當然愈多愈好啦！」老太太肯定道，「但是，這樣也許就沒有人願意購買你手中那 10% 的份額了。只有當別人覺得他還能以更高的價格賣出份額時，才會花錢買進。這就是證券交易所裡每天都在發生的事情。證券交易所就是人們聚在一起買賣公司股票的地方。每個人都希望將來能以更高的價格賣出自己手裡的股票。」

「這誰又能說得準呢？」我努力思考著。

「沒錯，」特倫夫太太贊同地說，「可是有人會評估馬塞爾的公司是否具有增值的潛力。」

「如果我的公司增值了，那麼你們手裡的股份，也就是那 10% 的份額，就會更值錢。」馬塞爾聽懂了，「如果預期的價值繼續升高，就可能會有人出更多的錢來買你們手裡的股份。」

我心悅誠服地看著他，讚嘆道：「你理解這些東西可真

快。」

「是啊，他的確領悟得很快！」特倫夫太太也表揚說，「不是每個人都能像他這樣迅速理解的。」

「我就覺得太難了。」莫妮卡抱怨道。

「股票的優勢就在這裡，」特倫夫太太樂呵呵地說，「我們不用自己創辦公司，只需要參與別的公司就行，也就是說，買下公司的股份，也就是股票。」

「這麼說來，我可以用自己的錢讓別人替我工作。」莫妮卡高興地說。

但我還是有點疑問：「如果沒有人肯買我的股票，那該怎麼辦呢？」

「那妳就得降低價格，直到有人認為按這個價格買進有利可圖。買家永遠都有，關鍵在於出價的高低。」

「那就可能會虧損。」我不太滿意地說，我可不想要這樣的結果。

「沒錯。」特倫夫太太說，「但只有在妳賣出股票的時候，才會有虧損。只要一直持有這些股份，將來就有可能以更高的價格出手。」

「那麼這段時間裡，我就什麼也得不到？」我覺得有點不可思議。

「不，在這期間，妳可以參與所有的分紅。」特倫夫太太打消了我的顧慮，「一旦公司獲利，就會把利潤分配給所有持有股份的人，這就是紅利。」

「這就是說，馬塞爾會定期地把他賺到的錢分給我們？」莫妮卡興奮地問。

「公司一般每年會核算一次獲利，然後再決定如何使用這些錢，比如用一部分錢來購買改善工作條件的新設備，另一部分錢則拿來分配給所有持有股份的人。」

「這麼做誰來決定呢？」莫妮卡問。

「所有持有股份的人呀，按少數服從多數的原則。這就是所謂的股東大會。」特倫夫太太說。

「我喜歡這個辦法。馬塞爾在經營公司時需要學習的東西，我自己不一定要會，」莫妮卡把這次的談話內容做了個總結，「但我還是能夠利用手裡的股份和他一樣去賺錢。這真是個天才的主意！」

「但我們還是得深入瞭解他的公司。」我補充說，又看了一遍寫在紙上的三大投資準則，我總覺得，按照您的解釋，投資股票既不是特別保險安全，也不是特別容易理解和操作，它似乎只滿足第二條標準：有可能獲得高額報酬。」

　　「如果我們自己去買股票，的確是這樣的。」特倫夫太太肯定了我的看法，「不過，我們還可以請別人幫忙篩選哪家公司的股票值得購買。」

　　「我覺得這個比較適合我。」我說，「但誰會為我們做這件事呢？」

　　「等我們下次碰面時，我好好講給你們聽。」特倫夫太太向我們保證，「今天我們學了不少了，還把錢存進了銀行。下一步我會告訴你們，每個小孩都能從股票中獲利，即使不太瞭解這方面的知識也沒事。」

　　馬塞爾不同意她的說法：「像我這樣聰明的生意人，是不會讓錢躺在銀行裡睡大覺的，不然根本得不到什麼利息。」

　　老太太笑了，說：「我覺得你很有意思。你真的非常專注於獲利，而且真的很會賺錢。說到底，我們只會在自己關注的領域取得進步和成功。」

「那到底該怎麼用我們的錢進行投資呢？」馬塞爾問。

「不不，」特倫夫太太反對說，「不要急著投資。在投資之前，必須先弄清楚自己究竟在做什麼。在我們開始行動之前，我還要告訴你們一個絕妙的投資方法，另外，我先得準備一些相關的材料。有一種方法，可以讓你們買進所有深受小孩喜愛的公司。」

「我喜歡麥當勞和可口可樂。」我趕緊說。

「我喜歡樂高！」莫妮卡叫道。

「那下次我會告訴你們，怎麼才能擁有這幾家公司的股份。」老太太神秘兮兮地向我們承諾。

我們都巴不得明天就召開下一次會議，可是特倫夫太太需要幾天時間準備材料。於是，我們幾個金錢魔法師決定，下次會議將於五天後進行。

Chapter 15

演講

　　在投資俱樂部的下一次聚會之前，海娜女士來到我家，和我商量演講的事。我本來想把演講內容逐字逐句地寫下來，但善於演講的海娜女士勸我不要這樣做，否則聽起來會很不自然。

　　我們決定還是遵照一開始的計劃：海娜女士向我提問，我來回答。我們商定好幾個問題，我試著給出答案。就這樣排練了一陣子。

　　距離上臺演講的那個禮拜六愈來愈近，我也越發緊張不安。我幾乎恨不得自己一病不起，或者乾脆祈禱演講活動取消。

　　禮拜六的早上終於來臨了，我前一天晚上根本沒睡好，早早就醒來了。我躺在床上，感到四下無聲，時間好像靜止了一般。慢慢地，我陷入一種莫名的惶恐，腦子裡一片空白，一點都不想吃早餐，一口飯都吃不下。

　　我究竟是在幹什麼呢？真是太荒唐了！為什麼要答應去演講

呢？當時一定是失去了理智。要勇敢啊，我給自己打氣——可是，肚子裡咕嚕咕嚕響個不停，這可不是什麼好事！我快受不了了。

這時，錢錢搖著尾巴湊到我跟前。「這下子你也幫不了我了，」我嘆著氣說，「我真是自討苦吃。我從來沒演講過，現在卻一下子要站在幾百人面前說話。」

突然，我發現錢錢嘴裡叼著什麼東西。原來是我的成功日記。

「你真好，錢錢。」我一邊說一邊使勁地搖頭，「可是這沒有用，我這下子完全沒辦法集中精神做任何事情。」

錢錢不肯讓步，牠咬著日記本，用嚴肅的眼神看著我。我有些煩躁地想把牠推到一旁，牠卻敏捷地閃開，把日記本丟進了我懷裡。我剛想把日記本扔到一邊，牠卻汪汪衝我叫了起來。

看到牠著急的樣子，我忍不住笑了，頓時感到輕鬆了一些。打開日記本時，我不由得想起了上次和錢錢的談話。我就是在看了成功日記之後，才鼓起勇氣決定去演講的。

我心事重重地翻看著日記本，不由自主地讀了起來。瞧瞧我做到了多少事啊！賺到了錢，找到了工作，經歷了「女巫小屋」

裡的歷險，開設了銀行帳戶，學會了和錢打交道，還幫助爸媽改善了財務狀況……看著看著，我竟然入了迷，把即將到來的演講忘到了腦後。我突然覺得，凡是我想做的事情，差不多都能做到呀！

我足足看了半個小時，感覺好多了。到了該出發的時候了，我穿好衣服，想去車庫裡推腳踏車，這時爸媽從廚房裡走了出來——他們竟然要開車送我去！我不禁心頭一震，天啊，我做夢也沒想到過，爸媽也會成為我的聽眾！我茫然地帶著錢錢鑽進了汽車。路程並不遠，我抱緊錢錢，感覺平靜了一些。

海娜女士已在學校門口等著我了。她十分高興地和我打了招呼，拉起我的手，和我一起走進學校的大禮堂。這下子裡面已經擠滿了人。真是人山人海呀！我們在第一排坐了下來，雖然還沒輪到我上臺，但我總覺得每個人都在盯著我看。

突然，我聽到了一個熟悉的聲音。我轉過身去，在身後的走廊上看見了一張熟悉的面孔——是金先生。他坐在輪椅上，一臉和氣的司機女士正推著他向我走來。我喜出望外地朝他們打招呼。

「綺拉，今天可是妳的大日子！」金先生對我說，「我不想

缺席。妳爸媽都告訴我了。」

我感動極了，一時不知道說什麼才好。這時我才注意到，和金先生一起來的，原來還有一群熟悉的朋友：馬塞爾、莫妮卡、特倫夫太太、哈倫坎普先生和他的夫人，大家全都來了。我一一問候他們，雖然心裡還是緊張得要命，但看到朋友們都在這裡，我安心了不少。雖然我的心裡就像揣了一窩小兔子一般惴惴不安，但我很清楚，一定會闖過這一關的。

海娜女士向我示意，該我們上場了。我站起身，錢錢默契地跟了過來。帶著小狗上臺可能看起來有點滑稽，但我覺得沒什麼不好的。

我們站在麥克風前，海娜女士開始講話了：

「親愛的同學們、家長們、老師們，你們知道，我一直非常希望孩子們能夠從小學會與金錢打交道。長期以來，我一直在尋找一種合適的方式，好讓你們瞭解金錢。有一天，我遇上了一位年紀很小的顧客，她的理財能力卻比很多大人都要強。她每個月都能賺到不少錢，還設計了一套絕妙的方法來分配金錢。我這裡所說的，是一位普通的小女孩，前不久，她還在為零用錢不夠用發愁。後來，她得到了一些非常不錯的建議，現在她已經積蓄不

菲，甚至可以用自己的錢實現她的兩大願望：去加州交流學習和買下一臺筆記型電腦。

「這個女孩名叫綺拉，今天，她來到了這裡，和你們分享她成功的秘密。」

說完，海娜女士轉向我，說：「綺拉，歡迎妳來到我們學校。衷心祝賀妳取得的成功，很高興妳願意回答我的幾個問題。好，我的第一個問題是，妳是怎樣分配妳賺來的錢呢？」

我向聽眾們講述了我的方法，以及「鵝與金蛋」的故事。海娜女士繼續提問，我又和大家分享了小孩賺錢的方法、我的成功日記和許多別的事情。

在回答這些問題時，我不停地看向金先生，只見他頻頻點頭；還有馬塞爾，他不停地向我豎起大拇指。他們是想告訴我，我的回答棒透了。就這樣，我的緊張和不安通通不翼而飛！

不知不覺，我終於說完了最後一句話，海娜女士鄭重地向我致謝，全場爆發出雷鳴般的掌聲，就連錢錢也響亮地叫了起來。我想趕緊下臺，海娜女士卻牢牢拉住了我。我只好勉強又在臺上站了一會，接受觀眾們的歡呼。這種體驗太奇妙了！

當我回到朋友們身邊時，讚揚的話也像潮水一般向我湧來。

媽媽驕傲地擁抱了我，爸爸撫摸著我的頭髮。一陣熱鬧過後，金先生誠懇地對我說：「我真的為你感到驕傲！」

我有些害羞，趕緊說：「我太緊張了，忘了好多本來想說的東西。」

金先生認真地說：「妳很有演講天賦，大家都喜歡聽你講話，沒人在乎妳原來想說什麼。來，試試心安理得地接受我的誇獎吧。我剛剛說的這些話，可是很少說出口的：我真的為妳感到驕傲！」

他微微停頓了一下，好讓我想想他的話。然後，他又說道：「如果妳沒有強迫自己，妳就永遠都不知道自己的能力究竟怎麼樣。別忘了，最讓我們感到驕傲的事情，往往就是那些最難做到的事情。」

我開心地笑了。我真高興，我做到了！

活動結束之後，一位女士從人群中擠到我身邊。她說她是一家出版社的負責人，建議我將自己的故事寫成一本書出版。

馬塞爾在一旁聽到，立刻激動地說：「我都想好書名了！就叫《從洋娃娃腦袋到金錢魔法師》！」

我不滿地瞪了他一眼。我對出書興趣不大，但還是把我的電

話號碼給了她。畢竟，我沒辦法告訴別人，這一切都是錢錢的功勞。

我很快向那位女士道了別，對爸媽說，我想自己走路回家。我實在等不及要和錢錢單獨相處一下。

我沉默地牽著錢錢走過大街小巷，中途還給牠買了一大包餅乾。然後，我們繞了一段路去秘密基地。

直到踏踏實實坐在地上，我才意識到剛才有多麼緊張。這下子，我徹底放鬆下來，竟然忍不住輕輕哭了起來。不過，我可沒感到難堪，心中更多的是幸福和自豪。這種感覺像一團火一樣在我的心頭跳躍，我平生頭一次意識到，我真的能做到很多事情，帶來很多改變！

我的內心充滿了感激，我的生活發生了多麼巨大的變化啊！

我心潮起伏地看著錢錢，突然意識到，我和牠之間的關係很快也要發生變化了。不過，不管遇到什麼，我都不會再感到不安了。

Chapter 16

投資俱樂部動起來

　　我們終於又聚在特倫夫太太家的屋子裡，迫不及待地想要開始投資了。

　　老太太為我們準備好座位，點亮了蠟燭。等我們落座後，她便鄭重宣布會議開始：「親愛的金錢魔法師們，今天是一個偉大的日子，我們將開始我們的第一筆投資行動。」

　　我們一動不動地坐著，沒有人說話。

　　「10,000 歐元是很大一筆錢，」特倫夫太太沙啞的聲音響了起來，「因此我們必須做出明智的選擇。但我給你們的建議，只有在經過所有人的同意後，才能遵照執行。」

　　「我同意。」莫妮卡很快說道。

　　「不要著急。」特倫夫太太說，「我先介紹一種投資方法，它可以讓你們擁有心儀公司的股票。」

　　「那就買下這些公司的股票好了，」馬塞爾提議說，「我們

的錢加在一起足夠了。」

「還記得嗎，我曾經說過，有一種更簡單的投資方法，」特倫夫太太接過話頭，「這種方法就是基金。」

「激進？」莫妮卡有點摸不著頭腦。

「基金，聽起來和『激進』差不多，但卻是另外的兩個字。」老太太解釋說，「看看你們面前的紙，上面寫著一些關於基金的要點。」

特倫夫太太請我為大家讀一讀以下內容：

基金就像是一個大籃子，很多投資人把自己的錢投在裡面。這些投資人因為沒有時間、沒有相關知識，或者缺乏興趣，不想親自購買股票，所以委託金融專家，也就是所謂的基金經理人，用「籃子」裡的錢來進行股票投資。政府會對此進行嚴格的監管，基金經理也必須遵守相關規定，比如，他們必須購買至少 20 種不同的股票。

「這是為什麼呢？」馬塞爾插話說。

「因為單一公司的情況很有可能會出問題。」老太太解釋

說，「假設你有 500 歐元，你用這筆錢購買了 20 股某家公司的股票，每股的價格是 25 歐元，如果現在這檔股票的價格跌掉了 40%，那麼你就只能以每股 15 歐元，而不是 25 歐元的價格賣出去了。你把它們賣掉的話，就只剩下 300 歐元了。」

「那可實在是糟透了。」馬塞爾評論道。

「因此，基金經理人們才必須要購買至少 20 家不同公司的股票。還以 500 歐元為例吧。假設我們現在用這些錢買入 20 種不同的股票，如果其中一種股票的價格下跌了 40%，而其他的保持原來的水準，那麼我們手裡還剩 490 歐元。」

馬塞爾飛快地算了出來：「那麼按總共 500 歐元計算，我們只損失了 2%。」

「沒錯，看來你已經理解了！」特倫夫太太誇獎他說，「事實上，總有一些股票的價格下跌，一些股票的價格上漲，還有一些幾乎保持不變。總的來看，上漲的股票占多數，基金經理可是相當專業的。」

「如果所有的股票都下跌怎麼辦？」我擔憂地問。

「這時絕對不能賣出。」老太太繼續解釋，「還記得上次討論股票時說過的話嗎？在這種時候賣出股票，你才真正會有損

失。」

馬塞爾一邊思考，一邊大聲說：「那麼，我們只能把暫時不用的錢投進基金裡，對嗎？」

「完全正確。」老太太高興地說，「一旦計劃投資基金，就說明我們打算將一筆錢放在裡面至少 10 年。對那些能等待這麼長時間的人來說，基金幾乎是一種零風險的投資。」

「也就是說，大多數股票在這麼長的時間裡總能獲得豐厚的獲利。」馬塞爾推斷說。

莫妮卡一直都很安靜，這可一點也不像她。這下子，她也激動起來：「假如基金經理人拿著我們的錢跑了，那該怎麼辦呢？」

「他不可能這樣做，因為他永遠也不可能拿到這些錢。」特倫夫太太笑著說，「投資人的錢都直接匯入一家託管銀行，並在那裡接受監管，百分之百安全。」

大家對這個解釋感到很滿意。於是，我繼續往下念：

基金滿足所有的投資要求，由於它的這些特點，它很適合兒童和青少年。如果能在超過十年的時間裡不動用這些錢，那麼基

金投資是非常安全的，能夠帶來豐厚的利潤……

「什麼叫豐厚的利潤——到底有多少錢呢？」馬塞爾打斷了我。

「有可能達到平均每年 8% ～ 12% 的報酬率，」我們的老師特倫夫太太回答說，「已經有很多很多成功的基金連續多年保持這樣的報酬水準了。」

「12% 是多少？」莫妮卡問。

「是 6% 的兩倍。」馬塞爾教訓她說。

「說得不全對，最後你得到的會更多。」特倫夫太太說，「我們舉個例子，看看 8% 的年化報酬率會為我們的財富帶來怎樣的變化。25 年之後，我們的 10,000 歐元差不多是現在的 7 倍，也就是大約 68,000 歐元。」

「哇！」馬塞爾不禁喊出聲來。

「這可真是一隻『大肥鵝』！」我高興地說，那隻下金蛋的鵝的故事，我早已經背得滾瓜爛熟了。

「另外，我們每人每個月還會存 50 歐元，加起來就是 200 歐元。如果這筆錢也有 8% 的年化報酬率，那麼 25 年之後，我

們的錢會有 260,000 歐元。」特倫夫太太補充道。

　　這個數字像一起閃電擊中了我們，大家突然集體安靜下來。這麼大一筆錢，實在是超出了我們的想像！

　　又是馬塞爾首先回過神來：「啊，這些錢已經超過了 100 萬的四分之一！」

　　「到時候，我們就是名副其實的『金錢魔法師』了！」莫妮卡也高興壞了。

　　「那樣的話，你們每個人的錢就足夠買一間公寓了，而你們那時候還不到 40 歲呢。」看到我們這麼高興，特倫夫太太也樂開了花，「如果你們決定拿這筆錢繼續投資 10 年，那麼最後它還會增加不止一倍，差不多有 600,000 歐元哪！」

　　我感到一陣眩暈。好多好多錢啊。當然，這是屬於我們大家的錢。具體到每個人，25 年後也有 65,000 歐元，35 年後就是 150,000 歐元。真是太酷了！我覺得我們幫俱樂部取的名字太棒了，我們真是貨真價實的「金錢魔法師」啊！

　　這時，所有人都看向我，我才意識到剛才光顧著開心了，竟然忘了接著往下念。我臉一紅，趕緊開始念：

基金也符合第三條投資準則，它的操作簡便，幾乎就和持有普通的銀行帳戶一樣簡單。

　　我對開戶已經有了親身體驗，確實是小菜一碟。

　　特倫夫太太的目光依次從我們身上掠過，她問：「如果把錢投資在基金上，你們覺得如何？」

　　莫妮卡當即表示同意。令人吃驚的是，她也立刻明白了基金的全部優勢，總結道：「我們的錢是安全的，可以在 25 年的時間裡增加至 260,000 歐元，而所有的交易手續也很簡單，辦理起來和在銀行開戶沒什麼區別。」

　　我當然也舉雙手表示贊成。

　　只有馬塞爾還在猶豫：「這種投資方式對我們來說最好不過了，但我們怎麼知道應該選什麼樣的基金呢？基金也有各式各樣類型的吧，就像有各式各樣的股票那樣。」

　　「你說得對，確實有成百上千種不同的基金。」特倫夫太太肯定了他的說法，「但如果仔細去看，就會發現能進入我們考慮範圍的選擇其實沒那麼多。我已經在一張紙上寫下了優質基金應該滿足的標準。」

她看著我，我翻到下一頁，繼續大聲朗讀：

篩選優質基金時的注意事項：

1. 基金應該至少有 10 年的歷史，如果它在過去這麼長的時間內取得了良好的報酬，那麼我們可以認為，它在未來同樣會運作平穩。

2. 應該是大型的跨國股票型基金。這樣的基金在世界各地投資股票，因而能夠分散風險，非常安全。

3. 透過排名表對基金的走勢圖進行比較，找到過去 10 年裡報酬表現最好的基金。

我們都沉默了，思考著應該注意的這幾點。

馬塞爾緊鎖著眉頭，他在認真思考時總會露出這樣的神情。「我們在哪裡能找到這樣的排名表呢？又怎麼知道哪些基金是『大型的跨國股票型基金』呢？」

「要想知道的話，」莫妮卡神神秘秘地說，「只要翻到下一頁就好了。」原來她搶先往下看了。

特倫夫太太真的在我們的資料夾裡夾了一張基金排名表。

我們急忙研究了起來。找到好的基金其實很容易，某些基金的報酬就是比另一些高得多。

「最後一欄裡的『波動率』是什麼意思？」莫妮卡看不懂。

「就是價格的變化幅度。價格變化越大，這一欄裡的數字就越大。看了這個，投資人就能明白，他的心臟需要經受多大的考驗。波動越大，投資人心理上經受的波動也就越劇烈，因為價格可能會突然大幅上漲，幾天後又急劇下跌。」

「那麼，波動率越小，風險就越小嗎？」馬塞爾問。

「從某種意義上說，是這樣的。」老太太說，「波動率小的話，至少會讓人覺得更安全些，報酬的增加也更平穩些。」

「為什麼不乾脆就叫價格變化呢？幹嘛非要叫『波動率』這麼難懂的名字？」莫妮卡抱怨道。

我們都深有同感。

特倫夫太太笑了起來。「金融家們有時候就是這麼奇怪。也許隨口說出一大串別人都聽不懂的概念，會讓他們自我感覺良好吧。可惜的是，很多人因此認為自己不懂投資，而對於自己搞不懂的事情，人們當然是不會相信的。但實際上，這些東西就是這麼簡單。」

現在，我們可以從表上看到這些基金獲得了多少報酬，以及它們的報酬是否持續平穩。

但知道這些還不夠。「我們怎麼知道哪些是特別安全、投資全球股票的大基金呢？」

莫妮卡又發話了：「只需翻開下一……」

「真是個機靈鬼。」我打斷了她，迅速翻到下一頁。特倫夫太太又替我們準備了一張表，上面共有 20 檔基金，分別列出了它們的規模，最近 10 年、5 年和 3 年的報酬，所投資股票的範圍，甚至還標注了它們重點投資了哪幾家公司的股票。

「嘿嘿嘿，」我們聽到馬塞爾說，「這裡有支基金很有意思，看介紹也很適合剛入門的人。這個基金投資的不是股票，而是其他基金。快看看都有哪些——恰好都是我們的檔案裡列出過的，其中有一檔基金購買了我們最感興趣的公司的股票：可口可樂、樂高、迪士尼、麥當勞等等。」

我們連忙仔細看了起來。

「真厲害，這檔基金的規模可真不小，最近 10 年賺了好多錢啊！」莫妮卡興奮極了。

「每年的報酬超過 10%，價格波動也不大。」我補充道，又

問特倫夫太太：「這檔基金怎麼樣？」

特倫夫太太微微一笑，說：「嗯，這是一支組合型基金，也就是基金經理人將不同的基金組合在一起。不是直接投資股票，而是投資他選中的基金。這種基金相對安全。

「設想一下，假如每檔基金都從世界各地購買 100 種不同的股票，而基金經理購買了 15 支這樣的基金，組成一支組合型基金，其實相當於你從世界各地購買了大約 1,500 種不同的股票。也就是說，只要投入區區 10,000 歐元，你就擁有了這麼多公司的股份，是不是很棒？」

我們很快達成一致，這支組合型基金就是最適合我們的選擇。

特倫夫太太滿意地笑了：「我自己私下看中的也正是這檔基金。太好了，我們意見一致。」

她看著我們，問：「你們知不知道，如果我們將來也能獲得超過 10% 的年報酬，究竟意味著什麼？」

我們聳了聳肩。

「用一個很簡單的公式，也就是 72 法則，可以省去很多看複雜圖表的時間。」老太太解釋說，「用 72 除以你所投資金的

年化報酬率，就是這筆錢翻倍所需要的年數。」

「什麼？」莫妮卡嘟囔了一聲。

「72 除以 10 等於多少？」特倫夫太太問。

「7.2。」馬塞爾飛快地算了出來。

「正確！這就是說，如果每年的報酬率是 10%，那麼大約需要 7 年時間，你的投資就會翻倍。」

馬塞爾一邊心算一邊說：「如果想知道 15% 的年化報酬率需要多久翻一倍，就用 72 除以 15，那就是……4.8 年。」

「簡言之，按 15% 的年化報酬率來算，大約 5 年後你的資金就翻一倍了。」老太太總結道，「也就是說，如果我們將來也能獲得 10% 的年化報酬率，那麼我們的 10,000 歐元在 7 年後會增加到 20,000 歐元，14 年後會變成 40,000 歐元，21 年後會變成 80,000 歐元，28 年後就是 160,000 歐元。」

「這可比我們之前用 8% 年化報酬率算出來的高多了！」我高興極了。

「而且現在我們只需購買組合型基金就能做到，這個辦法真是天才呀！」莫妮卡興奮不已。

一旦做好決定，剩下的就是小事一樁了。我們填寫了一份表

格，簽上了每個人的名字，然後將表格寄到查詢到的地址。幾天後，基金公司回覆已經幫我們開好了帳戶，於是我們往這個帳戶上匯入了 10,000 歐元。

我們本想將每月存下的 200 歐元也投入這檔基金，但特倫夫太太說服了我們，於是我們另外選擇了一支風險係數更高的組合型基金。這樣一來，我們既平衡了風險，也提高了獲利的可能性。

這段時間以來，我有太多素材可以寫進成功日記了：我的演講，我為此做出的掙扎和努力；我得到的誇獎；我不斷增加的收入；我和金錢魔法師們一起做出的投資……

我已經不再需要久久地冥思苦想了──似乎我在成功日記中寫得越多，獲得的成功也就越多。也許其中的奧秘在於，我愈來愈敢於放手去做了。

我和錢錢又有很長時間沒有說過話了，我似乎不再那麼渴望和牠說話了。陪牠玩，和牠一起散步，就已經讓我感到很滿足了。我喜歡牠待在我身邊，哪怕是寫作業的時候，牠也會蜷縮在我腳下，長久地、專注地看著我，不知不覺間，牠就睡著了，渾身散發出一種令我無比安心的氣息。

Chapter 17

爺爺奶奶害怕風險

　　投資俱樂部的會議繼續按期舉行，我們總是有很多東西需要學習和討論。我們每個月記錄一次基金的價格變化，這樣就能確切地知道當前可能以什麼樣的價錢賣出。

　　特倫夫太太認為，這種做法將來就沒有必要了，不過一開始，我們倒是可以從中學到很多。她總是說：「我們最好投資一個大型的跨國股票型（組合型）基金，5 到 10 年的時間裡都不要去管它，等以後我們再去查看價格變化時，絕對會有一大筆豐厚的報酬。」

　　在很長一段時間裡，這檔基金的價格起起伏伏，不虧不賺，幾乎沒什麼進展。但是到了 10 月份，它的價格突然大幅下跌，我們手中的股份僅僅只值 8,000 歐元，損失了 20%。

　　這次聚會，我們個個垂頭喪氣地坐在桌邊，金錢魔法師們如今看起來就像是待宰的羔羊。這實在出乎我們的意料，我們還以

為這檔基金的價格會衝著 50,000 歐元一路高歌猛進呢。

「把蠟燭吹熄吧。」我提議。我實在提不起精神來。

馬塞爾也出奇地沉默，只有莫妮卡很快打起了精神：「我爸爸今天在飯桌上對這件事評論了幾句……我記不清楚了，但他一點都不慌張。他說，他現在可以用一個好價錢買入了，叫什麼『相對低價』，他是這麼說的。」

「你爸爸說得對！」我們聽到了特倫夫太太的聲音。我們一起看向她，才發現她臉上的表情坦然，沒有一絲不安。

「您好像對虧損一點也不在乎？」馬塞爾問。

「我們沒有虧損啊。」

「有啊，而且虧了差不多 2,000 歐元呢。我不喜歡這樣，感覺糟糕透了。」馬塞爾憤憤地說。

「只有當我們把它賣出的時候，才會有虧損。但我們不會賣的。」特倫夫太太說。

「話是這麼說，但我還是覺得自己像隻可憐兮兮的小狗。」

「這跟狗有什麼關係？」我生氣地說。

一時之間，氣氛竟變得有些緊張。

特倫夫太太被我們逗笑了：「我第一次遇到行情大跌時，反

應和你們一模一樣。我恨自己為什麼要買這些股票，還非常擔心它會一跌再跌。在這種時候，報紙上就到處是負面的預測，說什麼全球經濟危機就要開始了，市場將要面臨永遠的寒冬之類的。」

馬塞爾和我對視了一眼，我們都被她的話鎮住了——我們可壓根都沒想到，價格還可能進一步下跌！

特倫夫太太自顧自地咯咯笑著，她的笑聲非常輕鬆，對比之下我們的擔憂反而有點多餘。「我經歷過好幾次這種所謂的危機。一兩年之後，市場總會恢復的。每次都是如此。所以，現在再出現類似的情況，我就不會大驚小怪啦。」

但她的話根本說服不了我：「要是股票市場真的出現了永遠的寒冬怎麼辦？就像您剛才說的那樣。」

「『寒冬』這個詞已經說明了問題，冬天只是一個季節，四季之一罷了。我活了這麼久，總會見到冬天之後有春天、夏天，夏天之後又有秋天和冬天，大自然中的四季循環往復，股票市場同樣如此，從前是這樣，將來也是這樣。」

「這麼說來，我們當時應該等等，到『冬天』的時候再投錢進來。」馬塞爾若有所思地說。

「如果那時就知道『冬天』馬上要來臨，那就順理成章了。可問題是，我們並不能未卜先知。價格也有可能節節攀升，那樣的話，我們就會懊惱自己錯過了大賺一筆的好時機。眼下就像莫妮卡的爸爸說的那樣，是再次買入的好時機。可以推斷的是，未來 3 到 5 年，價格不僅會回到我們買入時的水準，還會超出 20% 到 30%。那麼，我們原來投資的 10,000 歐元就會變成 12,000 到 13,000 歐元。如果現在再買入 10,000 歐元，到時候這部分資金就會獲得 50% 到 60% 的獲利，也就是說，第二個 10,000 歐元會增加到 15,000 到 16,000 歐元。」

「因為我們是以相對低價買入的。」莫妮卡裝模作樣地說著從爸爸那裡學來的詞。

「什麼叫相對低價買入？」我問。

「意思是說，」老太太解釋道，「我們可以用比它們實際價值低的價錢購買股票和基金，而且用不了多久，就會有人願意按實際的價值把它們買進。這樣一來，我們就能將豐厚的利潤收入囊中。」

馬塞爾是個急性子，他總是想立即做出決定，馬上開始行動：「趁現在是相對低價階段，我們趕快低價買入吧。快看看我

們能不能每人拿出 2,500 歐元，再湊齊 10,000 歐元。我沒問題，你們呢？」

我們都賺到過不少錢，莫妮卡的爸媽給了她很多錢，特倫夫太太自然不成問題，我的帳戶上也還有一些可用於投資的存款，只是還不夠多——還差 1,370 歐元。無論如何，我是不會動用夢想存錢筒裡的錢的。

但我也不想因為自己而耽擱大家的計劃，就拼命地想啊想啊，突然，我想到爺爺奶奶也替我存了一筆錢，他們定期把錢存入存摺裡，想為我將來的學業做準備。現在，存摺裡至少有 3,000 ～ 3,500 歐元了。

我把我的想法說給大家聽，然後，我們決定第二天召開特別會議。在此之前，我得去找爺爺奶奶談一談，告訴他們存摺再怎樣也並非一個理財的好選擇。金先生總是說，存摺就是個「金錢粉碎機」。

離開特倫夫太太家後，我便去照料那幾隻小狗，牠們還在等著我呢。直到吃過晚餐，我才終於有時間去爺爺奶奶家了。一進門，他們就為我端來了美味的餅乾和奶奶特製的可可——世界上再沒別人能泡出這麼好喝的可可！

我滿懷信心，覺得很容易就能讓爺爺奶奶明白，現在正是買入基金的好時機。但我大錯特錯了。

最近發生在我身上的事情，爸媽已經跟爺爺奶奶說過很多了，所以我三言兩語之後就直奔主題。我一邊吃餅乾，一邊告訴他們，我們成立了投資俱樂部。另外，我把特倫夫太太為我們準備的資料夾也帶來了，認為這樣可以把我們的投資活動說得更清楚一些。我還準備好好介紹一下那兩支我們買入的基金的情況，反正我們一直都在記錄它們的價格走勢。

但爺爺聽了沒幾句，臉上全是震驚：「綺拉，我的孩子，這太危險了！妳會把錢全賠光的。」

我試著跟他解釋我學到的知識：只有在我實際賣出基金的時候，才會真的遭受損失。因為行情總是會回升的，股票市場上也有夏季與冬季的迴圈交替，不過，長遠來看，股票和基金的價格總是不斷上升的。另外，股票市場確實曾發生過很多次危機，有的甚至非常嚴峻，但最終總會雨過天晴，而且行情還是會不斷攀升。

但爺爺一句也聽不進去，他還得到了奶奶的聲援：「綺拉，安全是最重要的，我們這輩子看過很多人，都被騙子騙光了財

產。」

「啊，奶奶，這完全是兩碼子事。」我反駁說，「基金公司管理著幾十億的資金，都是受到監管的，沒有人能亂動裡面的錢——政府和銀行都會進行監督的。」

「股票太危險了，」爺爺根本不聽我說話，「不要再碰股票了！」

「你們什麼都不知道，」我脫口而出，「怎麼可以這樣隨便就下結論呢？下結論之前，至少也看一看我們的投資是怎麼回事啊。你們不能因為自己不熟悉，就說這樣很危險哪！」

奶奶晃動著手指警告我：「小孩子得聽大人的話。我們活了這麼久，比你們的經驗豐富多了。」

爺爺趕緊補充說：「驕兵必敗。老話說得好，寧要有把握的小利，不要無把握的大利。」

我失望透頂，恨不得大喊幾聲，只得連忙告辭回家。我甚至連自己的願望都沒來得及說出口。看來，跟爺爺奶奶拿錢去投資是不可能了，他們還反過來勸我不要再繼續呢。我不知道該怎麼辦才好，爺爺奶奶的話似乎還起了一點反作用，我心裡開始隱隱地感到不安。

一回到家，我就立刻打電話給金先生。幸好，他這下子有時間跟我說話。我把那檔基金的大跌和爺爺奶奶對我投資的反對意見都告訴了他。

他饒有趣味地聽完，笑著說：「妳得理解爺爺奶奶，他們是為了妳好，不想讓妳遭受損失。他們做了自己能做的一切。」

「但這實在是太糟糕了。他們都不肯好好聽我說。」

「到了他們這個年紀，也許是吃過幾次虧的，所以現在想要保護自己，也想保護妳。這也情有可原。不過說真的，妳應該感謝爺爺奶奶，他們可能幫妳避開了一個錯誤。」

「什麼錯誤？」

「我認為，現在繼續投入 10,000 歐元不是個好主意，5,000 歐元就已經足夠了。」

「為什麼呢？現在投入的錢愈多，將來賺得也更多呀。」

「那是當然了。」金先生耐心地解釋說，「但如果價格持續下跌怎麼辦？到那時，你們就會後悔投入太多資金了。而且，妳最好還是要在手邊準備一些錢，這樣就可以隨時再低價買入了。」

「但我們並不知道是不是真的還會繼續下跌啊。」

「沒錯，我們不知道。沒有人能知道。所有試圖預測未來走勢的專家也總是一而再、再而三地犯錯。真實的情況往往和我們想像的不一樣。正因為這樣，妳才應該把一些錢放著備用，不能把妳全部的『養鵝』資金都投資在股票或基金上面。」

「我還以為基金是一種絕對安全的投資呢。」我半信半疑地嘀咕著。

「基金的確很安全，尤其是當妳投資它的週期足夠長時。就算價格暫時跌至谷底，也總還是會慢慢回升的。但出於分散風險的考慮，妳應該把一部分錢放入幾乎沒有風險的投資中。」

「您是說，我應該把一部分錢存進存摺？」我大吃一驚。

「不，你知道我對存摺的看法。銀行還提供了一些更好的選擇。比如，你可以購買一些貨幣市場基金 [1]，根據市場行情變化獲得一定的利息，比如眼下的利息率大概有 3.5%。這筆錢你隨時可以動用。」

「3.5%——聽起來不怎麼樣嘛，我靠這個可沒辦法變成有錢

1　貨幣市場基金，指一年內到期、隨時可以變現（流動性高）、風險低且會產生利息的投資商品，例如定期存款單、短期政府債等。因為風險較低，報酬率也不會太高。

人。」

金先生大笑起來：「是的，妳不能靠這個致富。實際上，妳的財富根本不會增加，因為通貨膨脹就能吃光這些利息。」

「什麼是通貨膨脹？」

「就是錢在貶值，妳的錢不值錢了。比如，妳今天用 25 歐分買一個小麵包，幾年以後，買它可能就需要 50 歐分了，那麼 25 歐分就只能買到半個小麵包，也就是說，錢的價值縮水了一半，這就叫通貨膨脹。」

「那我怎麼才能知道通貨膨脹率是多少呢？」

「目前大約是 3%。要是妳想算清楚這個百分率意味著什麼，我可以告訴妳一個相當簡單的公式，也就是 72 公式。這個公式非常實用，可以很快算出多少年後妳的錢可以翻一倍，也可以用來理解通貨膨脹，算出在某種通貨膨脹率下，錢的實際價值在多少年後會減半。比如，用 72 除以 3，得到 24，那麼 3% 的通貨膨脹率就意味著，24 年後妳的錢只值現在的一半。」

資產貶值的速度竟然這麼快，我驚呆了。「這麼說來，通貨膨脹率幾乎和貨幣市場基金的利率一樣高。」

「沒錯！所以我才將存摺稱為『金錢粉碎機』，因為妳得到

的利息連通貨膨脹帶來的損失都無法彌補。」

「但這些投資商品的利率也好不了多少啊。」

「沒錯，但是除此以外基本上沒有別的選擇了。畢竟，妳不能把所有的錢都拿來買股票，即使妳現在還很年輕，也得留著備用的資金，這樣才能達到分散風險的最佳效果。」

他還是沒有完全說服我。「真的沒有從銀行得到更高利息的辦法了嗎？」

「當然還有一些利率更高的投資產品，但購買這些產品，你就得承諾將錢存放在銀行裡更長一段時間。這樣做的缺點在於，碰上了好的低價買入時機，妳就不能馬上採取行動了。」

「我應該拿多少比例的錢購買貨幣市場基金呢？」

「這得根據妳的具體情況而定。妳現在年紀還小，所以拿出20%的錢就足夠了。」

我覺得今天金先生不會再對我多說什麼了，所以衷心向他表示感謝，然後掛斷了電話。

其實我很想問問他，我到底具體應該買多少錢的貨幣市場基金，又該拿多少錢繼續買入基金。但和他打交道的經驗告訴我，他從不會給我具體的建議，只是教會我一些原則。怎麼實施這些

原則，就是我自己的事了。我知道，他這是希望我學會為自己的財務狀況負責，而不能總是依賴別人。

於是，我就自己算了起來：我現在有 1,130 歐元，而明天正好是我領薪水的日子，我還能得到 360 歐元！另外，又有一些鄰居和我約好了幫他們訓練狗狗，這樣明天我還能再得到 180 歐元。

我把現有的存款和明天能拿到的這 540 歐元都算上，一共是 1,670 歐元。我決定明天向其他幾位金錢魔法師提議，每人再買入 1,250 歐元就可以了，剩下的 420 歐元我要換成貨幣市場基金。真期待去見海娜女士──學會選擇一個支持我的顧問幫我在銀行開戶，是多麼重要啊！

我心滿意足地上床睡覺了。躺在床上，我覺得自己找到了完美的解決辦法，而且更加確信，自己又度過了精彩的一天。實際上，我的每一天都是一次獨一無二的歷險，我從來不會感到無聊。而這一切，都是從錢錢教我認識金錢開始的。

這下子，這隻白色的拉布拉多就睡在我床邊，我撫摸著牠，思緒萬千。發生了那麼多變化以後，我再也不是一年前的那個綺拉了。我有了這麼多新的興趣和新的朋友：金先生、馬塞爾、哈

倫坎普一家和特倫夫太太。想著想著，我心裡充滿感激。我忍不住從被窩裡探出身來，狠狠地親了錢錢的腦袋一口，而牠竟像閃電一般迅速地舔了一下我的臉。

「真是個小淘氣。」我心裡說著，幸福地進入了夢鄉。

Chapter 18

大冒險的終篇

又是幾個月過去了。我開始寫下自己的經歷，我也說不清為什麼要這麼做，也許是害怕將來會忘記吧。每天寫上兩頁，這並不難，因為寫作素材可以隨時到成功日記裡找。寫作為我帶來了無窮的樂趣。

日子飛快地過去，而我的冒險從未停止。

現在，爸媽的財務狀況已經好多了。金先生成功說服爸爸雇用了兩名員工。一開始，爸爸不願接受這個建議，他覺得自己負擔不起他們兩人的薪水。但還好，他非常信任金先生，聽從了他的勸告。從此，一切就都變了樣。現在，他能夠集中精力做自己喜歡並且擅長的事情。以前他總是懷疑自己能不能獨當一面，現在他卻知道，只要將自己不喜歡也不擅長的事情交給其他人就行了。最重要的是，現在爸爸的心情總是很愉快。真是不可思議，一旦可惡的財務煩惱消失，一個人竟然會發生這麼大的變化！每

天早上，爸爸都充滿熱情地開始工作，有時甚至還會吹起口哨。只是，他不吹可能還比較好，因為他實在走音走得太厲害啦。還有，自從買了一輛新車，他每天起床的時間都提前了一個小時。

我自己的生意也蒸蒸日上。現在有很多鄰居都來拜託我幫他們遛狗，替牠們梳洗，以及訓練牠們等等。當然，我早就不是單打獨鬥了，我向馬塞爾學習了怎麼動員其他夥伴加入，比如莫妮卡就從我這裡賺了不少錢。但我也遇上了瓶頸，因為我不知道下一步還能從別的什麼地方賺到錢。

不過我也知道，有「問題」是一件好事，這樣我就得重新尋找機會，也會學到更多東西。我早就買了筆記型電腦，發現可以用它做很多很多事情。我現在能很快地完成作業，作業看起來井然有序多了，成績也大幅提升。

另外，我也在學習用電腦處理資料，哈倫坎普太太給了我很大的幫助。電腦和會計是她的業餘愛好。她的幫助真是令我受益匪淺。

當然，我賺到的錢也愈來愈多。我堅決執行自己定下的規矩：賺來的錢一分為三，其中的 50% 用於養「鵝」，40% 用於實現我的中短期目標，10% 當作零用錢。錢錢一開始讓我寫在願

望清單中的願望大都已經實現了，只有美國之行遲遲沒有落實，不過我有預感，那將會是一次不同尋常的經歷，它會再一次徹底改變我的生活。

我們的投資俱樂部也獲得了豐碩的成果。我們買的第一檔基金在前面七個月一直下跌，但我們沒有賣出，所以也沒有損失什麼。現在價格已經回升，如果賣掉的話，就會有一大筆報酬。但我們沒有理由這麼做，我們只希望這隻「鵝」愈長愈大。

馬塞爾有次提出要賣出基金，「落袋為安」，他是這麼說的。特倫夫太太問他，拿到錢之後，怎樣才能繼續讓錢滾錢呢？想來想去，我們還是決定選擇現在的投資。於是馬塞爾很快明白了，賣出是沒有意義的。

我們一共買了四支不同的基金。每次金錢魔法師們開會都無比歡樂，我們從特倫夫太太那裡學到了很多東西。現在，就連莫妮卡都是個投資行家了，也難怪我們都可以為爸媽們提供投資建議了！實際上，爸媽們都全盤接收了我們的投資策略，一開始他們還遮遮掩掩的，不過沒過多久就乾脆承認啦。

金先生已經完全恢復了健康，又全心投入到他的事業中去了。錢錢留在了我的身邊。當然，和從前一樣，每週六我都會帶

著牠去拜訪金先生。我們一起散步，一起享用美味無比的可可點心，一起盡情地聊天。金先生的確是一個金融天才，每一次我都能從他身上學到一些新的東西。最重要的是，他始終把錢視為一種再正常和自然不過的事物，在他的影響下，我對金錢的態度也發生了翻天覆地的變化。

金先生每個月都會為他的客戶舉辦一次關於金融投資的講座，連爸媽都經常去聽。

一個禮拜六，他突發奇想，問我能不能為他客戶的孩子們做個財務講座。我同意了。第一次只來了 7 位小朋友，但大家口口相傳，現在每場都能有 20 到 30 名小聽眾。每一場講座我能賺到 40 歐元。

幾天前，金先生又有了新想法，他建議我和他一起合作成立公司，幫助小朋友們進行投資。他看到了特倫夫太太為我們準備的那個資料夾，所以冒出了這個靈感。我覺得這個主意棒透了，聽起來簡直不可思議：我，綺拉，要和金融天才金先生共同擁有一家公司啦。

我問他，為什麼偏偏選擇和我一起開公司。他的回答簡直可以直接寫進我的成功日記：「因為妳的知識和成功的經驗說明，

妳會是一名合格的合夥人。如果我不確定妳會對公司業績有非常大的幫助，那我寧願自己做，也不會向妳發出邀請。妳的加入會吸引更多的孩子成為我們的客戶，這是我自己沒辦法做到的。」

我贊同他的話。這也說明，現在我比以前有自信多了。

雖然如此，我還是異常激動，我知道，我馬上就要開始新的歷險了。

我把這些事情全都寫了下來。然後，我向後靠在椅背上，讀了讀筆記型電腦上已經寫完的文稿，覺得自己寫得真不賴！

我的目光落在了錢錢身上，我看著這隻漂亮的小狗，陷入了沉思。我們已經太久沒有說過話了，我也一直想問問牠為什麼會這樣。但我又很害怕，我也說不清自己害怕什麼，只是隱約感到，一些我不想面對的事情終究會到來。

我決定把一切都弄清楚，畢竟我已經學會了不向恐懼的事情低頭。於是，我立刻決定牽著錢錢到森林裡去。只不過，那種不安的感覺仍然籠罩著我，我心裡酸酸的，一點也不快樂，雙腿也變得沉甸甸的，走得愈來愈慢了。

我們終於到了秘密基地。因為很久沒有來過，從前開闢出來的小道已經被新長出來的灌木占滿了，我們費了很大力氣才來到

中間的空地上，可是，就連這裡也不像以前那麼舒服了。一切好像都變了。

我悲傷地久久注視著錢錢，祈禱牠趕快開口說話。牠太久沒有說過話了，我有時甚至懷疑這一切是不是只是我的幻覺。這絕不可能！

我有些絕望地祈求錢錢，求牠告訴我，牠真的會說話。

錢錢臉上的神情終於有了變化，好像突然又回到了牠第一次開口和我說話的時候。

「綺拉，我能不能說話並不重要。」

我在心底歡呼，毫無疑問，我聽到的就是錢錢的聲音。

錢錢不動聲色地往下說：「重要的是，妳是否能夠聽到並理解我說的話。就像妳現在正在寫的那本書一樣，有些人讀到了它，卻可能根本聽不見它傳達的資訊，也不會做出任何改變，而另一些人讀過後開始學習如何更聰明地和金錢打交道，從而擁有更幸福、更富有的人生。」

錢錢說完話的那一瞬間，我懷疑自己是不是又做了個夢。錢錢真的跟我說過話了嗎？這可真是太要命了。

忽然之間，我清清楚楚地意識到，這不是夢。我說不出為什

麼，可也好像並不需要理由。同時，我又感到一陣徹骨的寒意，因為我突然很確定，剛才是錢錢最後一次和我說話了。悲傷讓我喘不過氣來，我彎下腰，張開雙手，久久地、緊緊地抱住了錢錢，好像只有這樣，牠才會再次開口和我說話。

這時，我想起金先生對我說過：不要為已失去的東西悲嘆，而要對你曾經擁有它的時光心存感激。

對我來說，這意味著我從此不能再依賴錢錢的幫助了，另一方面，這也不全是壞事，因為只要牠不再說話，就不用擔心牠會遇到危險了。沒有人會把牠抓去做實驗，大家只會把我的故事當成一個小女孩的幻想。我輕聲哭了起來。錢錢扭過頭，舔著我的臉，這次我沒再阻止牠。我哭啊哭啊，盡情地哭了好長時間，心裡這才好受了一些。

又過了好一會，我整理好思緒，回憶起錢錢教會我的點點滴滴。牠的話會永遠留在我心中。我現在一點也不懷疑，有朝一日我會變得非常非常富有，也許這一天會比我想像的更早到來。我也知道，我的財富不會有損於我的幸福。現在，我可以講講我的故事了，不過，沒有人能猜得出，到底是我自己幻想出了錢錢的聲音，還是牠真的曾經開口對我說過話。我心裡充滿了深深、深

深的感激，幸福而安寧。我靜靜地和錢錢坐在我們的秘密基地裡──這是最後一次了。很久很久之後，我突然想到，我該如何為我的書結尾。回家之後，我寫下了這樣一段話：

　　我希望，能有很多讀者聽見這本書在說話。一隻名叫錢錢的小狗和我將會由衷感到開心。

綺拉

後記
成敗由我

尤爾根・季默教授
Dr. Jürgen Zimmer
- 德國知名教育家、權威兒童心理學家 -

高牆一旦倒塌，視野便會開闊。

　　《小狗錢錢》是一個遲到的創舉。這本書沒有高高在上的說教，而是給了孩子們一個機會，讓他們能分享一項成年人的特權——賺錢。就像《少兒與成人》雜誌評論的那樣，200 多年以來，也就是自從弗里德里希・福祿貝爾（Friedrich Wilhelm August Fröbel）創建第一家「幼兒園」以來，他的後繼者們出於對童工與兒童剝削的憂慮，將孩子們牢牢禁錮於溫和無害的遊戲之中，而現在，是時候努力重構「勞動」這一概念了，使之適合兒童，並

讓兒童有機會更多地參與到成年人的活動中。

《小狗錢錢》拆除了許多偏見的高牆，更新並開拓了我們的認知：宣導創業行為與企業家精神。這並非鼓勵使用童工，而是推崇一種絕不單調，並能點燃激情、激發創造的遊戲。

在市場中學習，意味著在不確定性中學習。每一個小小的創業決策中都隱含著小小的風險，如果決策錯誤，遲早會遭到經濟規律的懲罰，而正確的決策最終會帶來較高的報酬，因而，「創業」與「賺錢」的遊戲具備嚴肅性。市場就像一所課堂外的學校，它可能是障礙，是縱橫交錯的迷宮，是瞬間決策的場合，是技術迷的工作間，是錘煉與凝聚心智的苦修所，是非常措施的實施地，是頭腦風暴的發生場和交易所。把市場當成學校，這是只有在真實的生活中才會產生的夢想。

市場是一種原則，就如民主也是一種原則。而原則可能被濫用。市場原則不是無規則的掠奪傾軋，而是透明、競爭、對人與自然的責任、公平以及建立社會安全保障體系。

創業意味著自主、獨立、自我驅動。那麼，也意味著固執己見嗎？當然，但絕不是捨棄共識。我們的教育要培養孩子的團隊精神，目的就是提醒人們，我們並非獨自生活在地球上，我們要

學會與他者共存，因此，我們要保護弱者、不歧視非主流人群、不傾軋他人、不追求超越於他人之上的權力。對待自然也要同樣如此，包括自然界所有的生命和資源，它們在這個星球上飽受掠奪，亟待休養生息。美德會帶來回報：那些承擔起社會與環境責任的企業，非但不會被市場拋棄，反而會成為市場的領頭羊。這點，我們同樣可以告訴孩子。

賺錢並不罪惡，錢可以為自己和他人帶來好處。一個人如果很早就擺脫了享受他人照料或補貼的心態，那必定會不喜歡依附於他人生存。因此，雖然消費社會如陀螺一般愈轉愈快，那些自己賺到錢的人也不一定會成為欲望的奴僕。理性、節約地利用有限資源本就是創業行為的題中之義，讓自己過著，同時教育孩子過著理智而樸素的生活，意味著寧可買一個最優質的產品，也不要不斷去買許多二流的產品，這也意味著不會僅僅為了追求時髦，便愈來愈頻繁地想要購買新的產品。生活品質的提高不是透過囤積愈來愈多的高科技產品實現的，而是表現在另一些方面，例如，享有更多的自由時間，重拾鄰里生活的樂趣，真誠地表達情感，能夠從事藝術性的工作或獨立創業，等等。

創業要趁早……

問題是,中歐地區對童年概念的建構,是否無意中低估了兒童獲得技能與進行創業的潛能?

要想成巧工,就得練早功。在許多企業家的傳記中,有一點非常引人注目:大部分敢於冒險跨出創業第一步的人,在童年時期就曾沉迷於某個想法,以至於發展出某種「怪癖」或是狂熱的思考力。他們大多童年時就在自己生活的小宇宙中積累了創業的實戰經驗,也運營過小規模的生意。例如,聞名全球的品牌「美體小鋪」(The Body Shop)的創始人安妮塔·羅迪克(Anita Roddick),小時候就賣過化妝品。戈特利布·杜特威勒(Gottlieb Duttweiler)是瑞士連鎖零售巨頭米格羅斯集團(Migros Groupe)的創辦人,提供了 4 萬多個工作崗位,而他在幼年時飼養過白鼠、荷蘭豬和兔子,做過買賣這些小動物的生意。心理學家兼企業家彼得·戈堡(Peter Goebel)將這類狂熱的想法稱為「迷醉」(德:Rausch)狀態,它可以使所做的工作變成極為愉悅的體驗。具有奇思妙想的人正是社會所需要的,而這樣的人,就是那些對創造與獨立的渴求還未磨滅的兒童和少年。

分析企業家們的傳記還證明了一點：他們中很多人在年少時期都很難適應學校教育，因為後者曾試圖規訓他們的「妄想」，或者有意打斷他們想法的形成與實施過程。這麼說來，教育者是企業家精神萌芽階段的破壞者？我們無法準確衡量這種破壞的程度，但只要能將其減輕，也會大有裨益吧。

企業家精神

教育帶來的災難還表現在另一方面，即教育體制無法對大規模失業問題給出恰當且有力的答案。在未來，愈來愈明顯的趨勢是，當人們透過教育掌握企業家思維時，教育才有可能為其帶來上升機會──說得更準確一點，是維持生存的機會。

這首先意味著，專職的教育者們也必須學習這一思維方式，並將其打造為成型的教育模式。將教育局限於獲取職業技能或者幻想接受教育的人都能充分就業是遠遠不夠的，教育者應該著力于企業家精神的培養，並且越早開始越好。直到今天，企業家精神往往被視為一種另類人格，我們應該糾正這種看法，應該使企業家精神成為基本的國民素質。

什麼是企業家精神（Entrepreneurship）？這是一個從英美地區開始流行的詞，在德語中無法找到完全對應的翻譯。它是指產生創新和創業的想法，並在市場中實踐它。

授之以漁，而非授之以魚

　　在西方，二戰後的數代人生活條件普遍優越，從小就被寵壞了。孩子們的願望層出不窮，卻往往被愈來愈迅速地滿足——但這只是暫時的鎮靜劑。從發展心理學的角度來看，兒童由此失去了為實現自己的願望而努力，以及面對瑣碎的真實生活的能力。被慣壞的小孩難以應對糟糕的大環境。

　　中歐地區建構起「童年」這一概念，出發點是好的：廢除童工剝削，保障兒童權益。但不利的一面在於，童年被刻意幼稚化，兒童受到過分保護，童年的延續時間過長，這使得孩子們愈來愈被隔離於真實生活之外。對於如今錯綜複雜的時代，我們不應再進一步「馴化」兒童，不應只將一些暫時性的鎮靜劑當作給予他們的教育。

兒童具有掌控自我發展方向的可能性。成年人不應越俎代庖，而應理解、陪伴、幫助他們，應該尊重兒童的獨立活動與創造衝動。

　　應該小心並持續地給予兒童挑戰，以使他們變得更加強大。這意味著不要替他們解決問題，而應給他們機會尋找自己的道路，讓他們拓展視野、深入查閱資料，在不斷的研究、發現與實驗中增強學習的能力。

💲 股份

指佔有公司的份額。如果你購買某個公司的份額，就是購買了公司的股份／股票。當公司獲利時，你也能獲利，獲利大小取決於你所占份額的大小：份額愈大，報酬愈大；份額愈小，報酬愈小。如果公司虧損，那麼你手中股票的價值也會下跌。這時你可以選擇不賣出股份而等待公司重新獲利。關於這一點，你最好讀一讀《投資俱樂部動起來》一章中特倫夫太太的解釋。

💲 投資

資金投資有兩方面的含義：一方面，將錢存入銀行或購買股票，透過利息或分紅讓錢滾錢；另一方面，還可以購買任何可能升值的東西，比如藝術品、房地產、古董等。

💲 交易所

人們為達成商業交易定期聚會的場所。交易所遵循市場原則撮合需求與供給，並按照官方最終確認的價格結算交易。在德國，聯邦經濟部長享有交易所的最高監管職權，交易所委員會輔助部長進行評估。詳見《投資俱樂部動起來》一章。

💲 基金

為某一特定目的而籌集的資金。詳見《投資俱樂部動起來》一章。

💲 抵押

簡單而言，抵押是以財產來「背負債務」，是擔保的一種形式。如果房子的所有人背負了債務，那麼，他可以透過抵押房產為債務提供法律和財務

上的擔保，這樣一來，他的房產就「背上了負債」了，而房屋所有權也會受到限制，如果出售房屋，債務人必須將契約中約定的報酬連同本金優先償付給抵押權人（債權人）。

💲 通貨膨脹

即貨幣貶值，也就是 5 歐元在今天的購買力將強於十年以後。貨幣總是隨著時間的推移而不斷貶值。

💲 利息

當你把資金借給銀行，也就是說，把錢存入銀行帳戶，銀行會為此支付一定的金錢。例如，銀行向你借款 3000 歐元，會按 3% 的標準利率支付利息，那麼你每年就能得到 3000 歐元的 3%（即 90 歐元）。

💲 複利

你可以和銀行約定，一年期滿後將利息續存，計入本金：按上文中的示例，你在第二年的本金便共有 3090 歐元（這是計算利息的新基準數，再下一年的利息當然會變得更多：3090 歐元的 3% 是 92.70 歐元）。如此循環下去，第三年的本金便是 3090+92.70=3182.70 歐元，而這筆資金又可在一年內獲得 95.45 歐元的利息。

💲 報酬率

在計算機上計算報酬的方法：輸入本金金額，再乘以報酬率的百分值。例如，3000×3，然後按「%」而非「=」號，就能得出 90。你也可以反過來用報酬除以本金計算出報酬率。

小狗錢錢

全球暢銷 500 萬冊！德國版《富爸爸，窮爸爸》
Ein Hund namens Money

作者	博多・薛弗（Bodo Schäfer）
譯者	文燚
執行編輯	顏妤安
行銷企劃	劉妍伶
封面設計	周家瑤
版面構成	賴姵伶
拉頁插圖	邱奕霖
發行人	王榮文
出版發行	遠流出版事業股份有限公司
地址	臺北市中山北路一段 11 號 13 樓
客服電話	02-2571-0297
傳真	02-2571-0197
郵撥	0189456-1
著作權顧問	蕭雄淋律師

2023 年 3 月 31 日　初版一刷

2024 年 1 月 31 日　初版三刷

定價　　　新台幣 350 元

有著作權・侵害必究　Printed in Taiwan

ISBN　978-957-32-9992-9

遠流博識網　http://www.ylib.com

E-mail: ylib@ylib.com

（如有缺頁或破損，請寄回更換）

國家圖書館出版品預行編目 (CIP) 資料

小狗錢錢：全球暢銷 500 萬冊！德國版《富爸爸，窮爸爸》/ 博多．薛弗 (Bodo Schäfer) 著；文燚譯 . -- 初版 . - 臺北市：遠流出版事業股份有限公司 , 2023.03 面；　公分
譯自：Ein Hund namens Money.
ISBN 978-957-32-9992-9(平裝)
1.CST: 個人理財 2.CST: 投資
563.5　　　　12000897